LE TRONE DU MARTYR

Du 13 Février 1820.

Imprimerie D'A. BERAUD, rue st.-Denis, n°. 374.

LE TRONE DU MARTYR

Du 13 Février 1820,

OUBLIE ; DEMANDÉ ENSUITE AUX POSSESSEURS,
AU BOUT D'UN MOIS,

PAR MONSIEUR (COMTE D'ARTOIS);

PRÉCÉDÉ

D'ÉVÉNEMENS EXTRAORDINAIRES ET INÉDITS , ANALOGUES A
LA MORT DE MONSEIGNEUR LE DUC DE BERRY, A LA
VIE ET AUX SEPT HEURES DE SOUFFRANCES DE CE PRINCE ;

DE L'ASSASSIN : SON CARACTÈRE , SES HABITUDES , LE LIEU QU'IL
AVAIT CHOISI POUR POIGNARDER SA VICTIME ;

Avec la Description topographique de l'Enceinte.

Par L.-A. PITOU,

Auteur du *Voyage à Cayenne* , de l'*Urne des Stuarts et des
Bourbons* , etc.

A PARIS,

CHEZ { DURIEZ , Tapissier , rue Rameau , n°. 6;
Louis-Ange PITOU , Libraire de S. A. R. Madame
la duchesse d'Orléans , rue de Lully , n°. 1,
derrière l'Opéra.

1820.

LE TRONE DU MARTYR

Du 13 Février 1820,

OUBLIÉ; DEMANDÉ ENSUITE AUX POSSESSEURS,
AU BOUT D'UN MOIS,

Par MONSIEUR (COMTE D'ARTOIS).

L'ASSASSINAT de Monseigneur le duc de
Berry est un des événemens les plus extraordinaires du monde entier. Un Prince, à la
fleur de son âge, étranger aux affaires et au
Gouvernement; placé en troisième ligne auprès de son oncle, à côté de son frère, qui
n'est son aîné que de deux ans et demi; devant, par droit de nature, ou mourir premier
sujet du Royaume, ou n'arriver au Trône que
peu d'instans avant d'arriver au tombeau, est
frappé de mort par un homme né dans une
classe de la société hors des atteintes de l'ambition des hauts rangs; qui ne peut rien
gagner, et qui perd tout à la mort de celui
qu'il frappe; qui n'a jamais reçu personnelle-
ment ni bons, ni mauvais traitemens du Prince;
qui, loin d'alléguer contre sa victime aucun

motif de vengeance ou de récrimination en
son nom, celui de sa famille, de ses intérêts
ou de ses liaisons ; regrette, d'après ses réponses, d'avoir été forcé d'assassiner le particulier, pour frapper en lui le Prince dont le
seul crime politique est, de l'aveu de ce meurtrier, l'espoir et la possibilité de la continuité
de la même lignée sur le Trône, placés sur
cette tête seule : cet homme, à une distance in-
commensurable de la personne qui tombe sous
ses coups, d'après son aveu, frappe, dans le
Prince, le Trône et la Monarchie : il frappe
un coup profitable, non à la génération présente, mais à celle qui lui succédera : il frappe
le duc de Berry, non parce qu'il est Roi ou
qu'il peut le devenir, non parce que ce Prince
a le crédit d'un ministre influent ; mais parce
que c'est la tige frugifère et la racine de l'arbre ;
parce que le coup qu'il porte doit, suivant le
calcul de l'assassin, frapper la Famille Royale
de terreur et d'effroi, la déterminer à fuir, ap-
peler et armer l'anarchie, bouleverser l'Etat,
et changer la face du Gouvernement. Cet assassin, loin d'attacher aucun prix ostensible à
son entreprise, renonce même à la célébrité
d'Erostrate. Ce fou, par ambition, était bien
moins coupable que *Louvel* ; car son genre
de folie était connu : il n'était pas le nouris-

son des prêtres d'Ephèse. Le crime de *Louvel*
est plus atroce et moins explicable que celui
des meurtriers de Henri IV et de Louis XV.
Les assassins de ces Princes ne mangeaient pas
leur pain, ne logeaient pas dans leur maison.
Ces parricides s'adressaient à des Rois ; leurs
intentions et leur but étaient ostensibles : la
plupart restaient à la même place, pour être
connus. *Louvel*, loin d'ambitionner la célébrité qui mit la torche aux mains d'Erostrate,
ou d'être illuminé par la frénésie de *Ravaillac* ou de *Damien*, s'enfuit, compte se sauver et se soustraire, au moins pour un temps,
à la reconnaissance intime de ses affidés, et à
la gloire du succès de son entreprise. *Donc
son crime est isolé*, disent les révolutionnaires. — Dites donc plutôt : *Donc il n'est
pas seul*, puisqu'il compte se sauver : donc
il n'agit pas de lui-même, *puisqu'il ne saurait
s'arrêter* : donc *il n'est pas seul*, puisqu'il ne
conserve de mérite pour sa personne que la
force physique de pousser le poignard. Donc
la Révolution et les régicides lui ont inculqué
cette morale du siècle, ou plutôt de l'athéisme :
*L'homme est tout par lui-même ; il devient
au-dessus des autres lorsqu'il frappe, sans
intérêt et pour l'égalité, le géant qui domine
et perpétue sa race.*

*

Loin d'éprouver le remords, d'où la religion et la Providence font naître le repentir (vertu que la Révolution nomme *préjugé vulgaire*), si *Louvel*, trouvant en lui-même, dans l'horreur de son crime, la sublimité du triomphe de la morale de ses maîtres, parvient à s'échapper, où ira-t-il coucher ? Aux écuries du Roi. Et le lendemain matin, au moment où le corps de sa victime arrivera au Louvre, *Louvel*, ouvrier sellier, logeant dans le domaine du Roi, se levera pour aller demander au chef des travaux son paiement à échoir, ou son arriéré échu !....

Ces circonstances extraordinaires d'un crime prodigieusement étonnant, se développent et s'agrandissent dans le tableau des lois qui doivent être présentées le jour de cette mort, des hommes qui vont les attaquer et les défendre, des révolutions prêtes à reparaître ou à rentrer dans leur gouffre, des partis en présence, du lieu de*r niece*ne, du sang-froid du Prince, du miracle de la prolongation de sa vie, de la sublimité de sa foi, de la ferveur de sa charité, du contraste de son assassin à côté de lui, de la rage indiscrète et impuissante des complices du meurtrier, vaincus par la contenance, le deuil, la magnanimité de la France, du Peuple et de la Famille Royale:

voilà ce que je vais essayer de peindre dans le *Trône du Martyr* du 13 *février* 1820.

J'ai déjà dévoilé au Roi les manœuvres de l'intrigue, assise près du *Véritable Dernier Coucher* du Prince, s'adjugeant cette dépouille fournie au Martyr par deux personnes seules, MM. *Blancheton* et *Duriez*; se l'adjugeant comme la cohorte qui, aux pieds de la croix, se partageait les vêtemens du Rédempteur du monde. Les nouveaux spéculateurs, comme les aînés, n'attachaient pas plus de prix les uns que les autres aux *suaires* qu'ils auraient été assez heureux de tenir, de loin du *Trône du Martyr*. Aujourd'hui qu'ils sont arrêtés dans leurs projets, ils s'étonnent que nous leur sachions mauvais gré d'avoir fait blanchir nos linceuls avec les leurs. Le lendemain, 14 février, leur zèle et leurs services étaient inappréciables : aujourd'hui, ils disent modestement qu'ils ont fait leur devoir d'une autre manière. Mais notre réclamation pour le *Véritable Dernier Coucher du Prince* leur paraît presque ridicule. *Fournir un lit*, disent-ils, *est un service très - ordinaire dans une pareille occasion. Le père de la victime vous a fait demander ce lit ; enfin, vous l'avez cédé : tout est fini par-là. Adressez - vous à nous maintenant ; vous aurez les cent écus que nous vous avons annoncé ; et tout se terminera là.*

Oui, leur service est plus extraordinaire que le nôtre : outre que leurs matelas n'auraient reçu, tout au plus, que de bien loin, quelques goutes de sang ; que les nôtres sont empreints de la sueur du Prince, au moment où la religion le rend digne d'un autre Univers ; que notre *Coucher* a l'avantage d'être pris hors du local de l'Opéra ; que c'est un sépulcre neuf apporté exprès, comme par ordre de la Providence ; que notre religion, première base du Trône, nous commande une vénération particulière aux reliques des Saints ; que si Louis XVI est inscrit dans la légende pour sa résignation, Monseigneur le duc de Berry nous a donné des gages aussi consolans et aussi certains de son martyre et de la récompense que nous pouvons espérer. Des motifs aussi puissans peuvent bien nous convaincre, malgré les dépréciateurs, que nous avons conservé et cédé un monument infiniment plus précieux qu'un souvenir terrestre.

Si le Prince fût mort sous le coup, ou sans recouvrer ses facultés, son *Coucher* était une dépouille précieuse, mais un souvenir tout humain ; après une mort aussi sublime que celle du duc de Berry, le lit de douleur et de repos qui le porte devient le monument de la religion qui immortalise la légitimité. C'est sous ce point de vue que le Roi et son auguste famille envisageront le zèle des conservateurs, et le sacrifice qu'ils ont fait en cédant ce *Coucher* au père du Martyr.

On acquiert des trophées, on élève des héros, on forme de grands hommes ; mais Dieu seul donne des saints à une famille : la cession de leurs reliques est un abandon d'un prix infini.

Voilà l'explication du titre de cet ouvrage : voici maintenant la division de mon sujet.

Il a paru deux *relations* de la mort du *Duc de Berry* : l'une a pris l'épithète *d'exacte* et l'autre celle *d'historique*. La première est concise, mais elle remplit son titre ; la seconde alonge ou abrège certains passages de son livre, sans en donner les motifs. Les deux auteurs, oubliant d'indiquer les localités, font naître au lecteur le besoin de les connaître pour suivre la marche de *Louvel*, voir le lieu où il est en embuscade, compter ses pas et décider quelle route il devait suivre pour se sauver. Je satisferai le lecteur sur ce point ; je le mettrai à même de se rendre compte de la hardiesse de l'assassin à se lancer sur sa victime, placée entre quatre personnes : j'examinerai d'abord si l'assassin était seul ; si son crime *est isolé;* pour quels motifs et par quelle impulsion il s'est porté à ce forfait ; pourquoi il ne pouvait s'arrêter. La réponse raisonnable à toutes ces questions dépend beaucoup de la connaissance exacte des lieux, du rapprochement des lois à intervenir le jour même de la mort du Prince. Voici le sommaire du plan de mon ouvrage:

Je commence par les événemens extraordinaires et historiques, analogues au lieu, au temps, à la victime; je passe ensuite à la description et au toisé de l'enceinte, à la vie de Monseigneur le Duc de Berry, à la catastrophe ; en deux mots, on voit *Louvel* s'appprocher, frapper, fuir, être pris. Du moment que le Prince est frappé, je laisse l'assassin de côté, et je ne quitte plus le Martyr et sa famille qu'à sept heures du matin ; alors je reviens à *Louvel* et je trace son origine, sa famille, son caractère, ses habitudes, quelques traits de sa vie. On voit ce meurtrier, poussé par une main invisible, qui lui tient le poignard sur les côtes, s'avancer d'abord vers le Prince qui arrive au spectacle, s'arrêter et s'éloigner parce qu'il n'a pas eu le temps de se poster dans l'endroit où il attendra sa victime au sortir de l'Opéra.

La rue de Lully, où je demeure, me donne une connaissance particulière de l'enceinte, et la facilité de résoudre des doutes qui naissent sur la possibilité d'événemens les plus simples. Ces doutes seront dissipés à la description que je donne de l'enceinte ; elle est si précise que le lecteur se tracera lui-même les localités.

Louvel, arrêté, est amené pendant la nuit dans l'intérieur de l'Opéra, et interrogé dans un local très-peu distant du salon où le Prince est gisant. Alors le lecteur monte avec moi, et, la pointe du pied sur le seuil de la salle où gémit le Martyr, il entend la victime prier pour son assassin ; et, se retournant, il voit et suit les mouvemens du meurtrier.

Le corps du Martyr est porté au Louvre ; son assassin entre à la Conciergerie, dans le local' des condamnés à mort.

Le tableau de Paris, de la Famille Royale et du gouvernement des Bourbons, le deuil de la France, les obsèques du Prince terminent cet Essai.

L'acte mortuaire de Son Altesse Royale, la *confrontation de l'assassin* sur le corps de sa victime, *le procès - verbal de l'ouverture du corps du Prince* se trouvent en entier dans la première partie de cet ouvrage, intitulée : *Véritable Dernier Coucher.*

Passons à l'événement ou vie *extraordi-*

naire annoncé, au Roi dans le même écrit, à la page 18.

Le jour de l'assassinat de Monseigneur le Duc de Berry, j'achevais *l'histoire secrète de la mort de Pichegru*. La fin glorieuse et sinistre de ce héros est liée à celle du duc d'Enghien : tous deux creusèrent sous les pas de Buonaparte les sépulcres de Moscow et l'abîme de 1814 et 1815; sur leur tombe aussi le premier lys a refleuri, et le fier conquérant de l'Europe a émoussé ses armes en voulant abattre ce rameau d'or. Sans le meurtre du duc d'Enghien, Napoléon n'eût point été frappé d'aveuglement; sans le meurtre de Monseigneur le Duc de Berry, préludé par le choix d'un conventionnel régicide, appellé en 1819, par le département de l'Isère, pour siéger à la chambre des Députés, les révolutionnaires prenaient les moyens de nous révéler le *terrible secret* dont ils nous avaient menacés quelques mois auparavant, à une époque aussi marquante pour la légitimité que pour l'anarchie, lorsque cette dernière prescrivait impérieusement à Louis XVIII le rappel des assassins relaps et incorrigibles de son malheureux frère.

Chose étrange! le souvenir du 21 janvier nous reporte à la mort violente de l'un des conventionnels régicides les plus ingrats, *Le Pelletier de Saint-Fargeau*, frappé par *Páris*, le lendemain de son vote; alors la rue *Rameau* n'était pas encore achevée: peu de temps après elle fut nommée rue *Le Pelletier*.

C'est *le 13 février* 1804, que l'arrestation de Pichegru et la mort du duc d'Enghien furent résolues dans le conseil secret du premier Consul. Peu de jours avant cette détermination, *Pichegru*, étant avec deux de ses amis, et passant le soir par la rue *Rameau*, s'arrêta long-temps à causer sous le même auvent et à l'endroit où le *Martyr du 13 février* a reçu le coup mortel. Les deux amis du Général lui offraient un asile, qu'il refusa, en blâmant leur excessive prudence: ils le quittèrent avec un serrement de cœur inexprimable. Peu de temps après, Pichegru passa par la rue *Rameau*, pour aller dans la rue *Chabannais*, distante de trente pas de la première, se réfugier chez le banquier *Leblanc*, qui le livra à Buonaparte pour cent soixante-quinze mille francs.

L'un des amis qui se trouvaient avec Pichegru était M. *Pierre Molette*, dont j'ai déjà eu l'honneur d'annoncer au Roi les incroyables malheurs. La mort de Pichegru, comme celle du duc d'Enghien, le plongèrent, dans un abîme de maux que je tais, mais dont le souvenir me fait

frissonner. Avant la *Catastrophe du 13 février*,
le protecteur de M. Grandsire avait donné une
assurance écrite de songer à M. *Pierre Molette*:
M. le Duc de Berry est frappé ; une *boîte d'or*,
une pension de mille francs, *reversible* sur
deux têtes, et bien d'autres avantages sont donnés à M. Grandsire, sans qu'il demande rien. J'ai
le malheur et le courage de publier toute la vérité sur la fable de M. le secrétaire-général de
l'Opéra, et de rappeler au Roi les malheurs de
M. *Pierre Molette*.

Ne pouvant résister à l'évidence des faits re-
latés dans l'ouvrage du *Véritable Dernier Cou-*
cher de Monseigneur le Duc de Berry, on
me dit alors que ce n'est pas pour avoir fourni
le *Dernier Coucher* que M. Grandsire a été si
magnifiquement récompensé, *mais pour d'au-*
tres services que je ne connais pas. J'ai promis
de produire ceux de M. Molette ; ils se lient aux
malheurs de tous les Bourbons, et particulièrement à la catastrophe du 13 février. Le Roi et
mes lecteurs jugeront si M. *Pierre Molette*,
sans secours, relégué dans une masure, à quatre-
vingt-douze lieues de Paris, est digne d'approcher de M. GRANDSIRE, secrétaire-général
de l'Opéra.

Pierre Molette, fils de Jean Molette, né à Saint-Priest-La-Preugne, département de la Loire, le 9 mars 1759, entra dans les Fermes le 22 juillet 1779, à l'âge de 20 ans. Sa conduite et son activité lui méritèrent l'estime et la confiance de ses chefs. Il passa par tous les grades. En 1785, il était lieutenant de brigade à cheval à Bellenave, bourg dans la province d'Auvergne, aujourd'hui département de l'Allier, en Bourbonnais, à 92 lieues de Paris. Il fut fait capitaine en 1787, resta dans ce grade et toujours en activité auprès de son chef, M Debarre Dutillet, Contrôleur général des Fermes, frère de l'Intendant de *Monsieur*, aujourd'hui Sa Majesté Louis XVIII.

En 1791, époque où la révolution et la monarchie en présence s'attaquaient corps à corps, M. Dutillet, dévoué à son Roi et aux Princes, fit passer à Coblentz les Français déterminés, et surtout les employés réformés, bien exercés au métier des armes. Molette fut chargé, par son chef, de ce recrutement : il s'en acquitta avec un zèle qui l'a exposé à des dangers incroyables.

Le 3 février 1792, MM. Dutillet et Molette furent dénoncés à Lyon, par un de leurs anciens employés, nommé Charlet, qui feignit de vouloir marcher avec eux. Molette lui dévoila le

G g

secret de son nouveau métier et de la correspondance. Molette, habillé en paysan coquetier marchand de fruits , parcourait ainsi les campagnes pour recruter sans éveiller les soupçons; il désignait le tiers-état sous le nom de *pommes de terre*, la noblesse sous celui de *pommes* , et le clergé sous celui de *poires*. M. Dutillet fut prévenu à temps et se sauva; Pierre Molette fut arrêté à Bellenave, et conduit dans la prison de Gannat , en vertu d'un décret de l'assemblée nationale législative , du 23 avril 1792 , dont la teneur suit.

N° 47.

ACTE

DU CORPS LÉGISLATIF,

Non sujet à la sanction du Roi,

Donné à Paris le 29 Avril 1792, l'an
quatrième de la Liberté.

LOUIS, PAR LA GRACE DE DIEU, et par la loi
constitutionnelle de l'Etat, *Roi des Français*,
à tous présens et à venir, SALUT; l'assemblée
nationale a décrété, et nous voulons et ordonnons ce qui suit :

*Décret de l'Assemblée nationale, du 23 avril
1792, l'an 4 de la liberté.*

L'Assemblée nationale, après avoir entendu
le rapport de son comité de surveillance, sur
les enrôlemens qui ont eu lieu dans les villes
de Gannat, Bellenave et autres lieux, par le
sieur Pierre Molette, ci-devant employé dans

✳

les Fermes du Roi; enrôlemens qu'il faisait pour l'armée des Princes français émigrés, par les ordres du sieur de Barre, ci-devant Contrôleur général des Fermes à Cusset, décrète qu'il y a lieu à accusation contre le sieur Pierre Molette, comme prévenu du crime d'embauchage pour l'armée des Princes rebelles ; décrète que le pouvoir exécutif demeure chargé de le faire transférer des prisons de Gannat, où il est actuellement, dans celles d'Orléans.

Décrète également qu'il y a lieu à accusation contre le sieur de Barre, ci-devant Contrôleur général des Fermes du Roi, à Cusset, comme prévenu du crime d'embauchage pour l'armée des Princes français rebelles.

Mandons et ordonnons à tous les corps administratifs et tribunaux, que les présentes ils fassent consigner dans leurs registres, lire, publier et afficher dans leurs départemens et ressorts respectifs, et exécuter comme loi du royaume. En foi de quoi, nous avons signé ces présentes, auxquelles nous avons fait apposer le sceau de l'Etat.

A Paris, le vingt-neuvième jour du mois d'avril mil sept cent quatre-vingt-douze, l'an quatrième de la liberté, et le dix-huitième de notre règne.

Signé LOUIS.

Et plus bas : DURANTHON, et scellés du sceau de l'Etat.

, Certifié conforme à l'original.

A Paris, *de l'Imprimerie royale*, 1792.

Pierre Molette, traduit à la haute-cour nationale par le présent décret, arriva à Orléans à la mi-juillet 1792.

Voici le nom de ses compagnons de malheur :

Louis - Hercule - Timoléon , duc de Cossé-Brissac.

Antoine de Lessart , ministre des affaires étrangères, ministre de l'intérieur.

Charles - Xavier - F. - Joseph Franqueville-d'Abancour, parent de M. de Calonne, ministre de la guerre à l'époque du 10 août 1792.

Jean - Armand de Castellane , évêque de Mende, âgé de soixante ans.

Jean-Baptiste de Retz , capitaine des gardes nationales de Mende.

Charles-François de Malvoisin, lieutenant-colonel de dragons de Monsieur.

Charles-François Mark, âgé de dix-huit ans, garçon apothicaire, de Toul, incacéré comme faux témoin contre M. de Malvoisin.

Hyacinthe-Joseph de Silly, officier du régiment de Bourbonnais.

Louis-Joseph Meyer, tailleur, né à Strasbourg.

Hubert de Lalsaux, brigadier dans les gardes-du-corps.

Jean - Baptiste Chappes, officier dans les troupes légères.

Jean - Baptiste - Etienne Larivière, juge de paix de la section Henri IV, à Paris.

François-Marie-Jérôme Charlier - Dubreuil, officier.

Antoine Gautier, domestique de M. Dubreuil.

Jean Adhemar, lieutenant-colonel au régiment de Cambresis, en garnison à Perpignan.

François Adhemar, fils du précédent, officier dans le même régiment.

Félix Adhemar, cousin du précédent officier, *idem.*

François de Montjustin, capitaine *idem.*

Charles-François de Blachère, *idem.*

Charles-Marie de Kersauson, capitaine, *idem.*

Jean-Marie de Siochan, officier.

Louis de Chesherie, *idem.*

Pierre de Pargadde, officier.

Joseph Duroux, fils de l'avocat qui défendit Calas.

Urbain-Joseph Chapoulard, sergent au régiment de Cambresis. (Dans la route de Perpignan à Orléans, Chapoulard s'offrit de porter, avec la sienne, la chaîne de son colonel Adhemar, qui avait cinquante-six ans de service. *L'auteur du dernier Tableau de Paris*, après le 10 août 1792, dit que ce dévoûment fit tant d'impression sur les chefs de l'escorte, que M. Adhemar fit le reste de la route en liberté, sur sa parole).

Joseph Doc, musicien au régiment de Cambresis.

Nicolas Bonafosse, avocat de Perpignan.

François Emery.

Marie Gouet de la Bigne.

Martin Jauval-du-Lou.

René la Blinière.

Philippe-Jacques Gérard,

Jean Mazelaigue-Raucour.

François Layroulle.

Joseph Bonafal.

Joseph-François Atena.

Vincent Bertrand.

Vincent Boxaderd.

Louis Pralt.

Charles Luppe.

Joseph Dulin.

François Arnoux.

François Comelas.

Pierre Blandinière.

(*Tous habitans de Perpignan.*)

Tardi , Vernier , Noirou , tous trois employés dans les Fermes du Roi , furent les premiers qui montèrent au tribunal vers le milieu de juillet : ils furent mis en liberté.

De Lattre , professeur en droit de l'Université de Paris , âgé de soixante-huit ans , arrêté pour avoir remis à son fils , qui voulait émigrer , une lettre de recommandation pour M. de Calonne. L'affaire de M. de Lattre fut la seconde appelée au tribunal. Ce respectable vieillard , qui , par suite , servit de répondant à Pierre Molette , fut mis en liberté le 8 août 1792.

Dulery , capitaine dans les Fermes du Roi , accusé du même crime que Pierre Molette , fut le seul prisonnier condamné à mort par la haute-cour , le 26 août. Le 30 du même mois , les Marseillais venus de Paris , sous le commandement de Fournier l'Américain , pour *expédier* les prisonniers , conduisirent M. Dulery à la mort , et prirent des mesures pour emmener les autres prison niers de la haute-cour, à Versailles, où les septembriseurs de la Salpêtrière et de Bi-cêtre, ayant achevé l'égorgement, se portèrent, le 9 septembre, en attendant leur proie. Toutes les personnes désignées plus haut furent égor-gées et leurs membres plantés sur les grilles du palais de Versailles. Les prisonniers étaient au nombre de quarante-six ; trois furent coupés en morceaux, et sept furent sauvés. Voici les noms de ces sept victimes *sauvées* ou plutôt *mutilées*.

Etienne de la Rivière, officier au régiment de Cambresis.

Charles-Louis de Pierrepont, officier au même régiment.

Jean - Joseph de Monjoux, officier dans le même corps.

Antoine de Montgon, *idem.*

Charles, chevalier de Montgon. Ce dernier avait remarqué, pendant la route de Perpignan à Orléans, que la clef de son porte-manteau ou-vrait le cadenat de la chaîne. Le soir au cou-cher, pendant que le conducteur cherchait la véritable clef, M. de Montgon lui remit la sienne. Cette noble intrépidité arracha des larmes même aux geoliers. Michel-Loyauté Dieudonné, officier d'artillerie, fut le sixième que la mort refusa de recevoir dans son domaine.

Pierre Molette, le septième, échappa d'une manière si miraculeuse, que ses compagnons d'infortune eux-mêmes l'ont cru mort.

On lit dans la relation authentique de cette catastrophe, imprimée en 1792, sous la dictée d'un témoin oculaire, tome 2, page 357 :

Le malheureux Pierre Molette fut haché de coups de sabre ; il parvint pourtant à gagner l'escalier sur lequel M. Loyauté s'était réfugié. Ils y laissèrent quelques momens couler le sang de leurs blessures ; mais M. Molette était si mutilé, qu'on doute qu'il ait pu survivre.

Malgré que, depuis trente ans, la révolution n'ait pas cessé de se reproduire sous différentes formes, il faut pourtant convenir qu'en France le passage de la Monarchie à la république a inspiré tant d'horreur, que, depuis vingt ans, on voit les enfans de nos jours, qui n'ont fait que lire le récit des annales de cette époque, reculer d'effroi aux mots *convention*, *Marseillais* et *septembriseurs*. Quelle prévention pesait donc sur les cinquante-trois personnes arrachées des prisons de la haute-cour d'Orléans, ramenées vers Paris, et traînées à Versailles pour y être égorgées ? Ces cinquante-trois malheureux voulaient rallier les français monar-

chistes, en former une armée dans l'intérieur et
aux frontières, et relever le gouvernement sur
les mêmes bases qu'il avait à l'avènement de
Louis XVI au trône. Dès le commencement de l'ins-
tallation de l'assemblée nationale, ces hommes
voyaient la république élever l'échafaud du Monarque crédule, proclamé en 1790 le *père* et le
restaurateur de la liberté, par ces mêmes sujets
qui, deux ans après, le condamnèrent à la mort.
Ainsi, les prisonniers de la haute cour tentaient
en 1791 et 1792, ce que Buonaparte fit arriver
en 1814 et 1815. Les efforts des premiers, aban-
donnés par le Roi, hâtèrent la perte du Monarque,
et les succès insensés du second firent échouer
l'empire, la république et l'anarchie; mais les
victimes du 9 septembre 1792, sont des martyrs
dont les intentions pures et la mort déplorable
ont greffé la Monarchie.

Le 27 août, six jours avant l'égorgement des
détenus dans toutes les prisons de Paris, un nommé Fournier l'Américain, avec le polonais La-
jouksy, qui devait la vie à Louis XVI, rassem-
blent les agitateurs de la Capitale, et décident
qu'il faut aller à Orléans faire un coup de main,
et épouvanter les royalistes, en égorgeant les détenus pour délits politiques. Ils arrivent à Orléans
le 30 août, à la tête de quinze ou dix-huit cents

égorgeurs. La municipalité et la troupe bourgeoise se mettent en défense ; mais, après différens signes de paix et de réunion, les prisonniers de la haute-cour sont remis aux assassins, et le trois septembre, second jour de l'égorgement dans les prisons de Paris, les cinquante-trois victimes sont entassées dans sept charriots, et conduites vers le lieu du massacre ; mais cette même assemblée législative, qui vient de renverser le trône, frémit déjà de l'anarchie qu'elle a fait naître, et d'une voix faible et méconnue crie envain pour s'opposer au carnage. Le 8 septembre, les prisonniers sont arrivés à Arpajon ; jusques là on s'est contenté de les dépouiller ; un décret défend de les amener à Paris. Le dimanche 9 septembre, on prévient les *frères et amis* de se rendre à Versailles, et les prisonniers y sont conduits, *afin*, dit-on, *de montrer son respect pour la loi.* La troupe qui les escorte met la baïonnette dans le fourreau, pare ses armes de lauriers, et prend la route de Versailles. A mesure qu'on approche, on voit des groupes d'assassins plus nombreux, ils crient *à bas les têtes* ; trois fois les charriots sont arrêtés ; à un carrefour nommé les *quatre bornes*, un homme ivre, le sabre à la main, s'élance sur M. le duc de *Brissac*, le tire par son habit pour

le faire sortir de la voiture : le duc le repousse ,
il tombe; alors la bande s'écrie: *Voyez comme
les royalistes assassinent les patriotes*. Ce fut
le signal de l'égorgement; en moins d'une heure,
les quarantes-six victimes furent coupées en morceaux. Pierre Molette , atteint de soixante-cinq
coups de piques et d'un coup de balle qui lui
perce le col , laissé pour mort, est traîné au pied
de l'escalier du cordonnier de Mesdames de
France. Le maire de la ville , nommé Richoux,
et un autre officier municipal, voyant ce bloc
de chair palpitant, le couvrent de leurs écharpes;
il reste là jusqu'à la nuit, qu'une bonne Sœur
le fait conduire à l'hôpital, où elle le panse elle-
même , car les hommes de l'art ne peuvent tou-
cher un septembrisé, sans en faire la déclaration,
et les assassins rôdent et sont aux aguets comme
les loups affamés. Le lendemain, la bonne
Sœur, qui avait pris soin de Molette, apprend
qu'une visite aura lieu dans l'hôpital; les septembriseurs flairent le local et sentent quelques-
unes des victimes échappées à leur dent meur-
trière. Ils feront une visite domiciliaire à dix
heures du soir. Molette part à la nuit tombante;
il ne peut supporter la voiture , ses jambes trem-
blent, la main sur son bas-ventre, il enfonce
ses intestins, s'assied vingt fois , et parvient enfin à gagner la campagne. Après mille efforts,

à la pointe du jour, il arrive à Viroflé, et se remet à la commisération d'un garde qui le reçoit;
il lui donne en récompense ses boucles de jar-
retières. Il reste deux jours dans cette maison;
mais ses profondes blessures ont besoin d'être
visitées par un homme de l'art, et les assassins
sont sur les traces de tous les membres de la faculté.

La troisième nuit, il fallut changer de gîte.
Vers le soir de cette journée, les massacres étant
terminés à Versailles, Molette, gisant dans une
chambre dont les contrevents étaient fermés,
entend un grand bruit, se traîne à la fenêtre
et voit passer les assassins des prisonniers; quelques-uns portaient triomphalement au bout des
piques, au refrein de la *Carmagnole* et de la
Marseillaise, les membres de leurs victimes,
qu'ils agitèrent, sans le savoir, aux yeux de celui qu'ils avaient mutilé.

C'est cette même nuit qu'il fallut partir, pour
tranquilliser son hôte. Quel chemin prendre?...
celui de Paris? Les assassins sont devant et la
victime est derrière ...... Molette s'acoste
d'un marchand de légumes et arrive à Paris
sans accident, après avoir passé au milieu des
assassins, qui s'arrêtaient comme lui tout le long
de la route, aussi tourmentés de la soif du vin

que de celle du sang. Entré dans la ville, il va
rue des Fossés - Saint - Bernard, n°. 8, chez
Gouillardeau, son cousin-germain, ouvrier dé-
bardeur sur le port. Ce brave homme reçoit ce
cousin comme son enfant, et court chercher le
célèbre chirurgien Desault. Malgré les protes-
tations de Gouillardeau, Desault ne veut point
panser Molette, avant de connaître la cause de
son malheur. Rien n'est plus facile que de vous
contenter, lui répond le malade : M. Delattre,
professeur en droit, acquitté à Orléans le huit
août dernier, était mon compagnon de chambre.
Je sais qu'il est votre ami comme le mien; faites-
le venir s'il est à Paris, et vous serez bientôt convaincu que je vous dis la vérité. M. Delattre vint,
reconnut Molette, et Desault garda le silence,
se trouva heureux de le soigner pour rien. Le
malheureux fut quatre mois à se rétablir.

Ce malheur n'est que le premier acte du dévoûment de M. Molette. En 1819, il adressa
un premier exposé au ministère de la maison
du Roi, qui lui répondit le 2 août 1819.

« J'ai reçu, Monsieur, la lettre que vous m'a-
» vez écrite, pour me transmettre, avec les
« pièces à l'appui, le mémoire que vous avez
» eu l'honneur d'adresser au Roi, à l'effet d'ob-
» tenir une pension sur la liste civile, en con-

» sidération de vos anciens services dans les
» Fermes, des missions dont vous avez été
» chargé pour le recrutement de l'armée des
» Princes, et des nombreuses blessures que
» vous avez reçues lors du massacre qui eut lieu
» à Versailles le 9 septembre 1792.

« J'ai lu votre réclamation avec beaucoup
» d'intérêt ; et les titres honorables que *vous*
» *paraissez avoir* à la bienveillance de Sa Ma-
» jesté, ajoutent aux regrets que j'éprouve de
» ne pouvoir mettre en ce moment sous le
» yeux du Roi la demande que vous formez ;
» mais, avant de la recevoir, il m'en est parvenu
» une si grande quantité d'autres, qui ont le
» même objet, et sur lesquelles il n'a pu être
» statué encore, par suite de l'entier épuisement
» des fonds mis à ma disposition, bien que les
» personnes qui les ont formées soient sans
» moyens d'existence, que j'éprouve le regret de
» ne *pouvoir vous donner aucune espérance*
» *rapprochée pour le succès de votre demande,*
» *malgré le désir que j'ai de pouvoir contribuer*
» *à améliorer votre position.* Cependant j'ai
» fait classer votre réclamation, afin de la faire
» représenter lorsqu'il y aura lieu ».

J'ai l'honneur d'être, etc.

Signé Comte de Pradel.

A Son

A son Excellence Monseigneur le Comte de Pradel, Ministre de la maison du Roi.

Réponse à la précédente.

(Bellenave, département de l'Allier, 26 août 1819.)

Monseigneur,

« La réponse que Votre Excellence m'a fait l'honneur de m'adresser le 2 août 1819, m'est parvenue dans ma cabane, à Bellenave, route d'Auvergne, département de l'Allier, à quatre-vingt-douze lieues de Paris.

» Monseigneur, je suis sur le bord de ma fosse, et l'ajournement indéfini que m'annonce Votre Excellence, me ferait renoncer à tout espoir, si je ne connaissais la sollicitude pater-nelle qui vous anime pour les vrais amis du Roi.

» Votre Excellence *a lu ma réclamation et les titres honorables que je parais avoir à la bienveillance du Roi.*

» Monseigneur, j'ai cru joindre la réalité aux *apparences*.

» Le Maire de ma commune vient de me prêter deux ouvrages d'un homme célèbre par

H h

les sacrifices et les malheurs qui nous ont réunis
à la même cause depuis vingt-cinq ans.

» Ces ouvrages sont l'*Analyse de mes Malheurs* et l'*Urne des Stuarts et des Bourbons ;*
par M. L.-A. Pitou. La première catastrophe que
j'éprouvai en 1792, est aussi tristement célèbre
que les malheurs de M. Pitou. Nous avons com-
battu et travaillé ensemble; et, si son témoi-
gnage est valable, je prie votre Excellence de
le lui demander.

» Depuis 1804, j'ai perdu de vue M. Pitou ;
il me croit mort, et moi-même je ne le croyais
plus existant ; car, seul, isolé et enseveli dans
la misère, je suis anéanti depuis dix ans.

Nous nous séparâmes avec M. Pitou , en 1804;
le jour que le brave et malheureux Pichegru, se
croyant assuré de l'entreprise, refusa le modeste
asile que nous lui offrîmes.

Mes relations avec M. Pitou datent de 1793.
Je prie Votre Excellence de me permettre de
résumer les événemens.

Au mois de mai 1793, mes plaies étaient fer-
mées ; la Vendée ayant levé l'étendard royal,
je partis pour Laflèche, avec un passe-port, sous
le nom de *Gouillardeau*, mon cousin. Comme
j'étais réputé mort, il ne risquait rien de me

prêter son nom : j'allais, soi-disant, recouvrer quelques créances; je fus arrêté en chemin par les éclaireurs vendéens, et, sur ma demande, envoyé au général Charette.

Mes cicatrices et les détails que je donnai, me servirent de certificat d'admission. Charette, après m'avoir gardé huit jours, jugea que je lui serais plus utile à Paris que dans son pays; de suite il me donna des fonds et deux lettres, une pour M. Gremi, marchand à Bonnétable, l'autre pour M. Valainville, à Paris (Pitou, demeurant rue Percée-Saint-André-des-Arcs.)

M. Pitou était connu du général et par son compatriote Thenaisie, avec lequel il avait fait ses études, et par son cousin René Pitou. Ces deux braves combattirent pour le Roi, dès le premier moment que parut l'étendard royal. Charette avait déjà adressé à M. Pitou deux frères nommés Lorrains ; M. Pitou les avait envoyés en éclaireurs à Chartres et à Orléans : il fallait un dépôt à Paris et un intermédiaire pour suivre la correspondance et les envois.

Je me rendis à Bonnétable chez M. Gremi ; en lui parlant de ma lettre de recommandation pour M. Valainville, il me nomma M. Pitou, et ajouta: C'est un homme sûr, il nous est connu pour partager les principes de ses parens, qui étaient attachés au duc de Luynes.

J'arrivai à Paris au mois de juillet ; j'allai trouver M. Pitou, je me fis connaître : mes titres lui inspirèrent tant de confiance, que, sur-le-champ, nous devînmes amis inséparables, et, par représailles, il me montra un portrait en miniature qu'il avait reçu de la Reine, en 1790, lorsqu'il prêta entre les mains de cette Princesse, le serment de fidélité au trône et aux Bourbons. Je regardai ce signe comme un pouvoir et une commission spéciale.

D'après mes instructions, et de concert avec M. Pitou, sous le nom de *Pierre André*, je louai un magasin, rue du Faubourg - Montmartre, n°. 74, sous la raison *Fabrique de savon*. Cette *fabrique* était un magasin d'armes et de poudres de guerre.

Les frères *Lorrains*, qui connaissaient la capitale comme les départemens où ils étaient en mission, firent un voyage à Paris et nous mirent en relation avec Ruggiery, avec les mineurs de Montmartre, avec *Laurent* de Meudon, attaché au grand magasin à poudre, et avec plusieurs armuriers de Paris.

L'établissement fut bientôt en activité : nous

en prévînmes M. Grémi; il arriva, prit nos *bri-ques de savon* et nous remit des fonds.

Depuis le premier août jusqu'à la mi - septembre, nous fîmes cinq envois d'armes et de poudre pour la somme de trois cent mille fr. Les fonds ne nous manquaient pas, et nous faisions rarement des avances, si ce n'est dans des occasions extraordinaires pour des dépenses imprévues.

Notre mission ne se borna point à la recherche des poudres et des armes; M. Pitou travaillait aux journaux, et il allait tous les soirs à la séance des Jacobins: avec quelques assignats bien distribués, en jouant le républicain, il connut les meneurs de la bande. De mon côté, je fis connaissance d'un nommé Pracos, qui était sous-chef à la guerre, au bureau des mouvemens. Pracos était des environs de ma commune; c'était un ardent républicain. Dans mon magasin, j'étais *Pierre André*; dans mon logement, j'étais Pierre Molette pour mon compatriote Pracos. Avec lui je brûlais la Vendée et je fusillais ses habitans : par là, j'obtenais le secret des mouvemens des armées républicaines, et nous en informions de suite l'armée royale. A cette époque, le sort des commis n'était pas fort heureux : Pracos trouvait ma bourse et ma table fort commodes;

M. Pitou et moi passions à ses yeux pour des agens secrets des comités de gouvernement, et ce titre nous donnait, sans scandale, le droit de changer de nom.

A la mi-septembre, le cousin de M. Pitou et son compatriote Thenaisie furent envoyés vers nous pour obtenir une fourniture extraordinaire de poudre et de fusils, dont on avait un besoin urgent.

Les deux frères *Lorains* furent appelés; nous réunîmes 1500 fusils et 20 milliers de poudre et d'autres munitions; mais pour assurer l'envoi de cette redoutable cargaison, il nous fallait des passe - ports, des commissions, des feuilles de route: nos connaissances aux Jacobins nous en fournirent une partie, que nous payâmes vingt mille francs; les frères *Lorains* firent faire le reste pour le même prix. Les fonds manquaient; M. Pitou et moi fîmes les avances de cette dernière somme.

Le tout parvint à sa destination sans accident. A peine arrivés, Thenaisie et René Pitou furent renvoyés vers nous avec des fonds et une nouvelle demande; ils furent pris en route par les républicains, et envoyés à Tours, à Nantes, et jugés à mort par la commission.

Au mois d'octobre, M. Pitou lui-même fut ar-

rêté : il avait échappé tant de fois aux républicains, que j'espérais le revoir bientôt ; mais j'appris qu'on le destinait au tribunal révolutionnaire. Je le crus mort, d'après les charges qui
existaient contre lui ; je le perdis de vue jusqu'en
1795.

Malgré ces alertes, je continuai ma mission
comme par le passé, mais avec plus de réserve.
M. Grémi fut seul mon correspondant : j'atten-
dais toujours René Pitou et Thénaisie pour nos
quarante mille francs ; j'appris leur sort trois
mois après leur jugement, et je ne fus remboursé
de nos avances qu'à la fin de 1794 : le discrédit
du papier avait réduit la somme au dixième de
sa valeur.

Après la mort de Robespierre, les communi-
cations devinrent plus aisées, la guerre se ralen-
tit, je visitai la Vendée : c'est là que j'appris que
M. Pitou, échappé au tribunal révolutionnaire,
chantait et prêchait la royauté sur les places pu-
bliques. Je revins à Paris en juillet 1795, j'allai
retrouver le *chanteur*, et nous réglâmes nos
comptes sans contestations ; car il avait beaucoup
d'argent.

Nous continuâmes à réarmer la Vendée jusqu'à la mort de Charette.

A cette époque, M. Grémi voulut se retirer

des affaires, et j'allai prendre des instructions auprès de lui; il m'adressa à M. Cousin, qui était venu à Paris pour connaître les localités : M. Cousin m'adressa à M. Delalande, marchand de dentelles. Ce dernier remplaça M. Grémi pour le transport des munitions.

Nous étions en 1797; le numéraire avait remplacé le papier, la Vendée était ruinée, et les envois d'argent se faisaient avec beaucoup de peine. Pour mon compte, j'avais fait des avances qui me rentraient difficilement. Je ne sais d'où M. Pitou tirait les fonds; mais, depuis qu'il chantait, il m'en trouvait toujours.

Il allait souvent coucher en prison; ce séjour qui ruine tout le monde, semblait l'enrichir.

Il m'a donné plusieurs fois des sommes considérables pour acheter des armes et pour remplir des missions secrètes : c'est lui qui m'a fait connaître le général Pichegru et la réunion de Clichy.

Quoique M. Pitou, par ses imprimés, eût gagné une grosse fortune, il se trouvait sans argent du jour au lendemain, et je ne lui connais pas de défaut. Il m'avait tellement accoutumé à ses prodiges de fortune, que je lui donnais souvent mon avoir comme à un banquier.

Quelques jours avant le 18 Fructidor, il fut

arrêté. Il n'avait point d'argent. Il m'appelle à
sa prison pour régler nos comptes : j'y vais ;
nous réglons. Il me prie d'aller annoncer au
général Pichegru qu'il est en état d'arrestation :
j'y cours. Le général lui fait dire qu'il se tran-
quillise , *que le coup est sûr ;* mais qu'on a
besoin de fonds. Le lendemain M. Pitou me
remet 3o,ooo francs ; je les porte au général.
M. Pitou lui écrit que les deux tiers de cette
somme m'appartiennent. Vous serez payé après
l'événement , me dit le général.

Après l'événement , le général fut déporté ,
et M. Pitou fut mis en jugement. Je faillis avoir
le même sort ; car j'étais le payeur en titre des
personnes enrôlées pour changer le gouvernement. Je me réfugiai pendant six mois dans la
Vendée.

Les élections de 1798 , la loi des ôtages ,
l'arrivée des Russes et de Souwarow, et le retour de la terreur et des Jacobins , donnèrent
une nouvelle âme à l'armée royale de l'Ouest.
L'arsenal que nous avions envoyé , les années
précédentes, fut déterré , et je repris ma mission
avec plus d'activité que jamais , jusqu'au moment où Buonaparte, premier Consul , réunit à
Caen les chefs de l'armée royale , pour les y
faire fusiller.

En 1804, je retrouvai à Paris le général Pichegru et M. Pitou ; celui-ci sortait de prison et l'autre venait d'Angleterre, pour renverser Buonaparte et ramener le Roi. L'un et l'autre me parlèrent des 20,000 francs qui m'étaient dus : le paiement en fut encore ajourné après l'*entreprise* (1). Quelle entreprise ! et quelle issue ! ! !

Ah ! Monseigneur, si les Bourbons savaient tout ce que des Français comme nous ont souffert pour eux !....., ils n'ajourneraient pas une *demande comme la mienne; je ne sais si je serais capable de faire pour mon père et pour mon enfant ce que j'ai fait pour mon Roi.*

J'ai l'honneur d'être avec un très-profond respect,

Signé MOLETTE.

L'étonnement du lecteur serait extrême s'il

_____

(1) Le débarquement de Pichegru en France, dans l'année 1804, offre des rapprochemens si frappans avec la catastrophe du 13 février 1820, que je continue de suite la vie de Pierre Molette qui se retrouve, le 18 mars 1820, dans le *Tableau de la Vérité*, présenté au Roi, à l'occasion du *Véritable Dernier Coucher de Monseigneur* le Duc de Berry, assassiné le 13 février 1820, et mort sur un lit appartenant à M. Duriez.

entendait , comme moi , tout ce que signifie cette dernière phrase. La patience et la discrétion de M. Molette sont aussi admirables que ses tortures. Je lui écrivis que je ne pouvais pas croire qu'il fût vivant , et je lui demandai les preuves légales de son existence. Il me répondit par les suivantes :

Je soussigné , Jean-Baptiste-François Bathiat, officier de santé , dûment patenté sous le numero 1 , de la commune de Saint Bonnet de Bellenave , y demeurant , canton d'Ebreuilles , arrondissement de Gannat , département de l'Allier , certifie m'être transporté au bourg de Bellenave , chez le sieur Molette, ancien capitaine dans les Fermes du Roi , et à sa requête , pour vérifier les cicatrices résultantes de coups de feu et des blessures qu'il reçut lors du massacre qui eut lieu à Versailles le 9 septembre 1792. Cet examen fait , j'ai trouvé sur la tête quarante-trois cicatrices , et un coup de feu sur le col , qui le perce de part en part ; plus , onze blessures , dont sept sur le bras droit, trois sur la cuisse droite, et une sur le côté droit ; plus , trois sur le basventre , quatre sur les reins , et enfin , quatre sur la jambe droite , dont plusieurs sont trèsapparentes , et d'autres le sont moins , ce qui est l'effet, sans doute, du temps qui s'est écoulé depuis leur guérison. En foi de quoi, j'ai délivré le présent certificat, que j'atteste sincère et véritable.

Bellenave, ce 18 septembre 1819.

Signé BATHIAT.

Cette signature est visée du Maire du canton, et légalisée par le Sous-Préfet, les 21 et 24 septembre 1819.

Le Maire, signé René ESMELIN ;
PENAVORE, Sous-Préfet de Gannat.

———

J'ai dit à S. M. Louis XVIII, en traçant au Monarque toute la vérité, aux pieds du lit sur lequel son auguste neveu, Monseigneur le duc de Berry, a édifié la France par sa mort angélique, que Pierre Molette, un des prisonniers de la haute-cour d'Orléans, traîné à Versailles le 9 septembre 1792, avait été atteint d'un coup de feu qui lui perce le col de part en part, et mutilé de soixante-cinq coups de piques. On vient d'en lire la preuve ; les originaux de ces pièces sont entre mes mains.

Voici maintenant les preuves légales de la moralité, de la conduite et des services de M. Molette. Cette pièce, signée par sept maires, et visée par M. le vicomte Sulau, Sous-Préfet de Gannat, est conçue en ces termes:

Département de l'Allier, arrondissement de Gannat.

Nous, soussignés, Maire de la commune de Bellenave,

Certifions que le sieur Molette (Pierre), ancien capitaine à cheval dans les Gabelles, habitant cette commune, a toujours donné des preuves non équivoques de son dévoûment particulier à la famille des Bourbons, dans toutes les circonstances où il a pu le manifester.

Déjà, avant la révolution, il avait voué son existence au service de son Prince, lorsqu'en 1792, voulant participer, comme bon Français, à l'anéantissement de la faction qui, par ses principes révolutionnaires, menaçait de renverser le trône, il recruta publiquement dans cette province, pour renforcer l'armée de nos augustes Princes, qui se formait alors à Coblentz, jusqu'à l'époque où il fut arrêté et traduit dans les prisons de la haute-cour

d'Orléans, en vertu d'un décret de l'Assemblée nationale législative, en date du 29 avril
1792 ; de là ayant été transféré à Paris, et,
près d'arriver, conduit à Versailles, il eut le
bonheur, lui septième, d'échapper au massacre
qui eut lieu dans cette ville, le 9 septembre
1792. Il fut atteint de soixante-cinq coups de
piques, et d'un coup de feu qui lui perça le
col de part en part.

Depuis cette catastrophe sanglante, où
tant de serviteurs fidèles ont perdu la vie, qu'ils
avaient sacrifiée à la défense de la Monarchie, le sieur Molette n'a pas craint de faire
usage des moyens qui pouvaient lui être sug-
gérés par son respect et son amour sans bornes
pour la dynastie des Bourbons, dont il désirait pouvoir aussi défendre les droits impres-
criptibles contre les entreprises criminelles
des factieux.

Nous certifions de plus que le sieur Molette,
par son exemple et ses bons conseils, dans le
temps de l'usurpation, a maintenu le bon
esprit parmi les personnes qu'il fréquentait

et que , depuis , il n'a jamais varié dans ses principes. Nous attestons aussi que sa moralité et sa conduite sont sans reproches.

A Bellenave, le 4 mars 1816.

Signé : Amable DELAPELIN, maire de Gannat; AVIGNON, maire de Chazelles; MEUILHEURAT, maire de Senat; BADOCHE, maire de Naves ; ESMELIN, maire de Vallignat; DUVAL, maire de Tison, et BARATIER, maire.

J'ai annoncé au Roi, dans la même circonstance, que M. Molette, après avoir opéré bien d'autres miracles pour la défense de la maison de Bourbon, était dans la misère, et relégué dans une masure, à quatre-vingt-douze lieues de Paris. En voici la preuve :

Nous Jean-Baptiste Delaplanche, maire de la commune de Bellenave , certifie à qui il appartiendra qu'il est à ma connaissance que Pierre Molette n'a d'autre propriété foncière dans la commune, qu'une petite maison et un petit jardin ; qu'il a été employé dans les Fermes du Roi comme capitaine.

Fait et délivré la présente attestation audit Pierre Molette, sur son invitation, pour lui servir et valoir ce que de droit.

En mairie de Bellenave, le 21 septembre 1819.

Signé DELAPLANCHE, maire.

Légalisé la signature de M. Delaplanche, maire ; le Sous-Préfet de Gannat, département de l'Allier, le 25 septembre 1819.

Signé PENAVORE.

On se demande, après avoir lu des titres aussi marquans, quel est le sort du brave Molette ? Il n'a rien reçu jusqu'à ce jour ; ni le Ministre, ni le Roi n'étaient informés de ces faits : de mon côté, j'aurais trahi la Monarchie et l'amitié, si je n'eusse réclamé pour Molette ; j'y suis intéressé à plus d'un titre. Voici les promesses qui m'ont été faites par écrit :

Ministère de la maison du Roi.

Paris, 18 décembre 1819.

L.-A. PITOU.

...... Quant à M. Pierre Molette, dont vous voudriez bien que la situation pût être adoucie, s'il peut dépendre de moi de hâter le moment où le Ministre mettra sa réclamation sous les yeux du Roi, soyez sûr que je le ferai avec grand plaisir, et que je serai fort aise

aise de vous donner cette preuve de la par-
faite considération avec laquelle je suis.....

H. D. L.

A la fin de janvier 1820, le budget du ministère de la maison du Roi étant terminé, je m'informai auprès de la même personne, qui est chargée de ce travail, et dont on vient de lire la promesse positive, si M. Pierre Molette était compris dans les états : il me fut répondu officiellement, le 3 février, qu'on n'avait rien pu faire pour *ce vieux serviteur.* Dix jours après, le 13 février suivant, Monseigneur le Duc de Berry est assassiné à l'Opéra. Cette mort, qui fournit à M. Grandsire, de l'Opéra, le plan d'un rapprochement imaginaire du premier et du dernier coucher fourni par lui à S. A. R., en 1814 à Cherbourg, et en 1820, le 13 février, dans la salle de l'Opéra, nous ramène, par des rapprochemens réels des hommes et des localités, à la malheureuse catastrophe du duc d'Enghien, le 21 mars 1804 ; à la mort violente de Pichegru ; à l'histoire de M. Molette, qui fait suite à la mienne en 1804, comme en 1820, le 13 février. Le lecteur va juger sur les faits lequel de nous, ou de M. Grandsire, Secrétaire général de l'Opéra, a réuni le merveilleux à la vérité ?

Aujourd'hui 6 avril 1820, la vie de M. Mo-

3

lette me renferme plus étroitement que jamais
dans mon sujet. Ce compagnon de mes malheurs
passés devient en ce moment pour nous deux ,
à l'improviste et à l'occasion de l'assassinat de
Monseigneur le duc de Berry, l'écho qui transmet
toute la vérité au Roi et à la maison de Bourbon.

Pendant que nous sommes sur les lieux , hâ-
tons-nous de tracer les localités ; car l'ancien
théâtre de l'Opéra est devenu un lieu funèbre ;
et, d'un moment à l'autre , le marteau peut faire
disparaître les points topographiques. Les âmes
sensibles appellent déjà la rue *Rameau* chemin
de la Douleur; d'autres la nomment grande
route de la Révolution; ceux-ci , comparant
la fureur de l'assassin Louvel et de ses complices
à celle de Tullie, qui , jadis à Rome , fit passer
son char sur le corps de son père , précipité du
Forum et assassiné par son mari, au bout de la
rue Cyprienne , nommée, pour ce forfait , rue
Scélérate , appellent de même la *voie* qui a reçu
le sang du duc de Berry.

Depuis la révolution de 1789, le sol de l'hôtel et des jardins Louvois est devenu propriété
nationale , et est distribué dans l'ordre suivant:

Deux rangs de maisons parallèles ont été bâties et appuyées de l'est à l'ouest sur les murs
du jardin aboutissant aux rues Sainte-Anne et

Richelieu; ensuite, deux rues spacieuses et également parallèles ont été ménagées dans la même
direction; le milieu du sol est coupé en deux
quarrés égaux par une autre rue transversale du
nord au sud, appelée Lully, sur laquelle est appuyé le derrière de la scène de l'Académie royale
de musique; ainsi l'Opéra se trouve bâti entre
quatre rues. L'entrée principale est sur celle Richelieu ; le spectateur, pour entrer au théâtre,
regarde le couchant : à sa droite est la rue Louvois, à sa gauche celle Rameau, en face de lui
est la petite rue transversale, nommée Lully,
aboutissant aux deux précédentes, lesquelles se
terminent au levant à la rue Richelieu, et au
couchant à celle Sainte-Anne. Cette dernière fut
appelée *Helvétius*, depuis la révolution jusqu'au
retour du Roi en 1814.

Le sol du théâtre fut acheté par Mademoiselle
Montansier : c'est elle qui a fait bâtir ce théâtre,
qu'on lui prit durant la terreur. Pendant long-
temps elle fit de vaines réclamations contre les
occupans, qui laissèrent le boulevard Saint-Mar-
tin, et vinrent s'en emparer par ordre de la Convention, au commencement du règne de la terreur et de la dictature de Robespierre. Le régicide Le Pelletier Saint-Fargeau, membre de la
Convention, avait été frappé de mort par Pâris,

*

alors la rue Rameau était à peine achevée, qu'elle reçut le nom de *Le Pelletier*. Après le 9 thermidor, on lui donna celui du célèbre compositeur *Rameau*. Depuis la journée du 10 août, tous les priviléges étant abolis, les chefs du gouvernement n'avaient de place marquée dans aucun spectacle, et la loge du duc de Berry et de la Cour fut pratiquée en 1800 pour le premier Consul : jusqu'à cette époque, c'était une porte latérale, à gauche de l'entrée au spectacle, dans les places d'avant-scène et d'orchestre.

Le jour de l'explosion de la machine *infernale*, 24 décembre 1800, la fatale voiture qui traînait cette funeste invention, vint se poster à quatre heures et demie de l'après-midi, dans cette même rue *Rameau*, à la séparation des deux premières maisons du côté de la rue Richelieu ; formant aujourd'hui les numéros 1 et 3, et naturellement 1 et 2, si l'on comptait à la suite du même côté. La charette de la machine infernale, chassée de cet endroit, traversa la rue de Lully, rentra dans celle de Louvois, se plaça dans la direction opposée, en fut éconduite et se fixa dans la rue Saint-Nicaise, où elle attendit le passage de la voiture du premier consul, pour opérer sa terrible explosion.

En 1804, dans les premiers jours de février,

Pichegru, Molette et moi, nous nous arrê_tâmes, dans la rue Rameau, à causer précisément sous le même auvent, à l'endroit où Monseigneur le duc de Berry a été assassiné. Nous insistions auprès du général pour qu'il acceptât l'asile que nous lui avions trouvé. Un pressentiment inexplicable nous oppressait ; nous lui serrâmes la main, et nous voulions l'entraîner. Il nous quitta, malgré nous, pour aller dans la rue Chabannais, dans une maison adossée à la rue Rameau, se confier à un banquier nommé *Leblanc*, qui le vendit à Buonaparte pour 100,000 francs. Cet infâme reçut, en outre, une gratification de 75,000 francs ; deux ans après, il fit une spéculation dans laquelle il fut ruiné. La misère et l'animadversion publique l'ont suivi jusqu'au tombeau.

Le 13 Février nous offre un autre rapprochement bien singulier.

En 1804, les jours de carnaval étaient précisément à la même époque qu'en 1820. C'est le 13 février, à onze heures du soir, que Buonaparte, dans son conseil privé, décida la mort du duc d'Enghien, et l'arrestation de Georges Cadoudal, Pichegru, Moreau et autres ; c'est le 13 février que les ordres secrets furent donnés à la haute-police, pour se saisir *des grands coupables.*

Ces rapprochemens, qui lient notre cause à celle des deux victimes de la maison de Bourbon, sont bien authentiques, et se casent naturellement, dans les fastes *d'une Vie orageuse*, au rang *des matériaux pour l'histoire*. Après avoir tracé une notice bigraphique de la vie et de la mort de Monseigneur le duc de Berry, je me trouve heureux et infiniment honoré d'avoir été appelé par mes voisins et par le fournisseur *du véritable dernier coucher* du Prince, *dans la nuit du 13 au 14 février* 1820, pour confondre l'erreur et l'intrigue spéculant sans pudeur sur le chevet de la victime. J'ai obtenu un double avantage à faire triompher la vérité dans cette réclamation : le premier, de faire rendre justice à un martyr de la cause royale (Pierre Molette): dans toute autre circonstance, cet accessoire serait le principal; mais l'authenticité du *dernier coucher fourni au Prince* par une personne étrangère à l'administration de l'Opéra, offre un rapprochement étrange.

Le prince assassiné, porté dans sa loge à l'Opéra, invoquant les secours de la religion au milieu des danses qui continuent, sans qu'il ose et puisse les interrompre, pour mourir en paix! Que de souvenirs lui retracent le local, les meubles, les acteurs, les assistans! Toutes les

époques de la vie sont là : l'éternité se présente ;
mais la religion, appelée avec elle, a déridé
son front. Le Prince désire envain être reporté
à son palais de l'Elysée-Bourbon ; l'assassin l'a
frappé trop profondément, et la Providence
veut qu'il trompe l'espoir des complices de
son meurtier, qui pourraient l'attendre sur la
route pour l'achever, en immolant sur son
brancard les restes de sa famille qui l'accom-
pagneraient.

Humilié et confus d'être réduit à recevoir
dans cet asile les ministres d'une religion pure
et sainte, il sanctifie ces lieux si suspects même
au jugement des mondains les moins rigides.
Tout est admirable et miraculeux dans sa mort.
Le coup qu'il a reçu, au jugement de tous les
hommes de l'art, ne devait pas lui laisser plus
d'une heure d'existence, en le privant sur-le-
champ de l'usage intellectuel de toutes ses facultés. Dans les bras du trépas, il vit ou il res-
suscite pendant sept heures ; conserve ou reçoit
de son Créateur toutes ses facultés pures et li-
bres, et de son lit ou plutôt de son trône, il
se dégage de ses liens terrestres en expiant,
par l'aveu et le repentir, ses fautes et ses
erreurs.

Dieu qui, avant de mettre sa parole dans la

bouche d'Isaïe, purgea, par le feu, les lèvres de ce serviteur, a voulu que la couche qui reçut le sang du nouveau Saint-Louis n'eût pas besoin de cette expiation ; il a voulu que ce coucher, pur comme le cœur de celui qui le fournissait, fût apporté par un voisin étranger à l'établissement de l'Opéra. Pour donner plus d'authenticité à ce saint monument, ce Dieu a permis que l'intrigue le fît mettre de côté pendant un mois, pour y substituer ses œuvres ténébreuses. Les pièces originales et authentiques, recopiées cinq fois et envoyées aux cinq membres de l'auguste famille des Bourbons, pour être placées dans les archives de la famille, lui ont été cachées long-temps. On a mis tout en œuvre pour ralentir la noble et sainte ardeur de ceux qui lui transmettaient la découverte de ce précieux trésor. Si les remises des pièces ont été accordées sur des demandes positives, que de prétextes n'a-t-on pas trouvés pour continuer d'ensevelir ces preuves du monument ! Là, on ne voulait pas, disait-on, r'ouvrir la plaie des Princes ! (1) ici, on attendait l'ordre pour faire le

_____

(1) Quel homme de la famille d'un Martyr et même d'un Héros mondain, se dispense, de peur de pleurer, de lire les annales de son parent ? Le partage de la gloire ou de l'in-

rapport et le remerciement ; enfin , sur un ordre
du père du Martyr , auquel les possesseurs du
monument ont déféré avec honneur , en repré-
sentant ce qui était convenable pour ce digne
objet , on a obtenu la couche ou le lit de Saint-
Louis , et , au bout de trois semaines de réclamations , les véritables possesseurs n'ont pas encore pu obtenir un reçu !.... Nous reviendrons

---

nocence , donne des charmes à la douleur. Louis XVIII,
en fermant les paupières à son neveu, et en assistant à sa
sépulture, touche le trépas et l'immortalité. Que faisaient
l'Héroïne des Français et l'Auguste épouse du Prince en
s'approchant des restes inanimés du jeune Saint-Louis?
L'une ne pleurait point en voyant au Ciel son cousin à côté
de son père; l'autre pleurait un tendre époux; mais aucune
des deux Princesses ne saurait gré à la sensibilité politique
des personnes qui leur auroient soustrait les pièces authentiques du plus beau monument religieux et royal. Et que
dira un jour cette Auguste Famille, en apprenant les
mortifications que les conservateurs de ce Trône céleste ont
éprouvées pour faire arriver la vérité à sa destination?...
Si le berceau d'Henri IV était retrouvé anjourd'hui , on
voudrait le voir et le posséder ; on voudrait surtout constater l'authenticité de cette précieuse découverte. Que ne
donnerait-on pas pour avoir le dernier Coucher de Saint-
Louis ? La mort sublime du duc de Berry ne nous a-t-elle
pas montré les cieux ouverts pour lui ? Son *Dernier Coucher* est un véritable reliquaire, dont tous les membres de
la famille doivent posséder les actes authentiques de cession.

à ces derniers détails ; passons à la notice historique du Prince.

Charles-Ferdinand, duc de Berry, second fils de S. A. R. Monsieur, comte d'Artois, naquit à Versailles, le 24 juillet 1778.

Il avait onze ans et demi au mois de juillet 1789, lorsque son père, sa mère et une partie de sa famille furent forcés de fuir hors de France, pour échapper aux fléaux de la révolution.

Vif, ardent, impétueux, un peu volontaire, comme tous les enfans bercés par la fortune, le duc de Berry, naturellement bon, comme tous les membres de sa famille, eut pour maître et pour gouverneur M. le duc de Serent. Ce Prince continua ses études jusqu'en 1792 : cette même année, au 10 août, la chûte du trône de France ayant ébranlé l'Europe, toute éducation devint militaire. A 14 ans et demi, le jeune duc de Berry passa dans les camps.

La première jeunesse du duc de Berry se passa au milieu des armes : le Prince de Condé fut son instituteur militaire, et le duc d'Enghien son ami et son compagnon d'armes. Les campagnes des Princes firent briller son courage ; mais la fortune ayant tout accordé à Buonaparte, et presque fermé l'Europe à la maison de Bourbon, le duc de Berry fut forcé de se fixer en Angle-

terre à l'époque où le malheureux duc d'Enghien
fut livré à Buonaparte par cet homme qui fait
horreur à son pays, et qui, la veille de l'assassinat du duc de Berry, était à Paris dans la réunion des régicides, travaillant, le 21 janvier dernier, à disperser les cendres de Louis XVI, en
attendant qu'une main révolutionnaire attaquât
l'arbre dans sa racine......

Dans les différentes circonstances de sa vie,
le duc de Berry se fit aimer de tous ceux qui le
connurent. Brusque, dur, franc, il tempérait
par sa bonté, par ses prévenances, l'impétuo-
sité de son humeur. Il avait souvent des torts,
mais il courait avec tant de franchise au-devant
de celui qu'il avait maltraité, que ce dernier disait toujours de bonne foi, en s'essuyant les
yeux : *ce Charles-Ferdinand change la haine
en amour.*

Le duc de Berry passa plusieurs années en
Angleterre ; il avait pris parmi ce peuple des
manies de caractère et des goûts du terroir,
étrangers aux Princes français. Ses conseillers
lui avaient donné des impressions défavorables
contre les guerriers français.

En 1814, il avait entendu nos prisonniers sur
les pontons anglais, délivrés par Louis XVIII,
maudire le Roi et bénir l'usurpateur ; ces

hommes, excités sourdemènt par Lucien Buonaparte, étaient à ses yeux autant de parjures : on eût dit que l'infortuné avait déjà un pressentiment du 20 mars 1815, des désastres de Waterloo, et des doctrines régicides dont il devait être la victime.

. En mettant le pied sur le sol français, il réprima pourtant du mieux qu'il put les funestes réminiscences de l'injustice des Français pour sa famille et de ses vingt-cinq ans d'exil : il fit plus, en rentrant en 1815, il se reprocha d'être sorti de France. Il eût voulu, disait-il, mourir de la main des traîtres : il ne croyait pas qu'il en fût encore resté en 1820; il a même reproché plusieurs fois à ceux qui l'avaient suivi à Gand, de l'avoir indisposé contre les guerriers qui s'étaient signalés pour la France républicaine et impériale.

. Il toucha la terre natale le 13 avril 1814 : Cherbourg fut la première ville qui le reçut : *Chère France*, s'écria-t-il en versant des larmes, *en te revoyant je renais à la vie; mes amis, je ne vous apporte que de l'amour !* et il embrassait tous ceux qui se présentaient à lui.

Aux environs de Bayeux, on lui annonce qu'un régiment était mal disposé pour le Roi : *C'est impossible*, répond-il; *ils ne nous connaissent pas.* On lui conseille de passer plus

loin ; il fait venir le Commandant, se rend avec lui à la tête de la troupe, et la harangue ainsi par sa contenance et par ce peu de mots: « Braves soldats, je suis le duc de Berry ; vous » êtes le premier régiment français que je ren- » contre, je suis heureux de me trouver au mi- » lieu de vous : je viens au nom du Roi, mon » oncle, recevoir votre serment de fidélité. Ju- » rons ensemble et crions *vive le Roi!*» Une pe- tite partie répond *vive le Roi!* et la majorité *vive l'empereur!* *C'est une vieille habitude,* dit le Prince : *allons, mes amis, vive le Roi!* Il les fixe et les attend avec une fermeté pleine de confiance; après un moment de réflexion, le cri de *vive le Roi* fut unanime. A Versailles, il passe en revue un régiment de cavalerie dont la majorité témoignait, en sa présence, le re- gret de ne plus combattre sous Buonoparte.....
— Que faisait-il donc de si merveilleux ? — Il nous conduisait à la victoire. — Cela est bien difficile avec des hommes tels que vous !

Il retrouvait chaque jour des traits de cette éloquence militaire.

La nuit du 19 au 20 mars 1815, il voulait aller chercher Buonaparte à Fontainebleau ; mais il fut obligé de suivre sa famille en Bel- gique. Lorsqu'il entra à Béthune, trois cents sol-

dats criaient *vive l'empereur* ! avec une fureur
insultante : le Prince, à la tête de sa troupe, qui
était composée de quatre mille hommes bien
déterminés, pouvait faire exterminer ces rebelles jusqu'au dernier : il s'élance au milieu
d'eux et leur propose de crier *Vive le Roi* ! ils
se taisent ; la troupe du Prince ajuste et la troupe
de Buonaparte fait de même. Le Duc, entre
les deux partis, crie aux siens : *Soldats, no ti-*
rez pas ; nous sommes tous français ! Se tournant avec noblesse vers les ennemis, il ajoute :
vivez tous et disparaissez. Ils obéirent, et plusieurs crièrent en s'éloignant : *Vivent l'empereur*
et le duc de Berry ! Ce cri de la révolte et de la
reconnaissance, si voisin du repentir, indique
quelle eût été la campagne de 1815, si on eût
pris la route de Fontainebleau au lieu de celle
du Brabant.

Le Roi revint le 8 juillet 1815 : le duc de
Berry fut regardé comme la dernière espérance
de la première lignée, car la Convention, après
avoir frappé en public trois têtes royales, avait
tellement mutilé les deux autres dans la tour du
Temple, que l'arbre, presque déraciné, n'of-
frait plus qu'une branche à sa cîme et un bour-
geon au milieu. Une jeune épouse fut donnée au
duc de Berry ; des fêtes signalèrent cet évène-

ment, une heureuse fécondité nous promettait les plus belles espérances ; en 1817, la famine, le désespoir des peuples, l'occupation de nos villes par les armées alliées, l'embarras du Gouvernement, le gouffre énorme de la dette publique, ouvert sous nos pas ; tous les fléaux à la fois, une terre de bronze, un ciel d'airain, semblent avoir conjuré notre ruine. Les aumônes vont trouver les malheureux, le duc de Berry et son épouse imitent de si bon cœur l'exemple du reste de la famille, que la plainte et l'amour succèdent à la malédiction ; le peuple, enchaîné par la bonté du jeune couple, fondait son espoir sur lui : la jeune épouse obtenait chaque jour du Prince des sacrifices, et lui donnait des vertus qui le rendaient plus cher au peuple. Depuis quatre ans elle avait été trois fois mère, une seule princesse lui reste, mais nous attendons un Prince : dans cet instant, une main parricide lui plonge la mort dans le sein.

Avant de donner quelques détails sur cette mort sublime, qui illustrerait la vie la plus obscure, comptons les distances, arpentons les lieux, choisissons les points les plus marquant.

A mon arrivée à Paris, après avoir vu *Henri IV* sur le pont Neuf, je traversai le Palais de Justice, et me fis indiquer les lieux où les assassins de ce bon Prince, *Jean Châtel* et *Ravaillac* avaient porté leurs mains parricides sur le Béarnais. Le premier, en face des Barnabites, lui avait lancé un coup de couteau dans la bouche : un monument élevé dans le temps sur le lieu du meurtre, paraissait devoir en conserver le souvenir ; ce monument avait disparu. On avait bâti sur le sol (découvert depuis la revolution, et qui forme aujourd'hui une demi-lune de la place du Palais de Justice), et les propriétaires ne savaient ce que je voulais dire ; de là, en suivant le *pont au Change* et la rue Saint-Denis, j'arrivai à celle de la *Ferronnerie* : j'y vis, au haut d'une maison, la figure de Henri IV, sculptée sur un mur. On me dit que *c'était à peu près là* que le père des Français, allant en voiture découverte à l'Arsenal, voir son ami Rosni, était tombé mort, le 14 mai 1610, sous le poignard de François Ravaillac ; *c'était à peu près là*, car tout a changé dans cette enceinte, et tout changera dans l'arrondissement de l'Opéra.

Profitons vîte du moment où tout est encore sur pied, et posons des signes de reconnaissance sur les édifices qui doivent résister le plus long-temps au marteau et à la pioche des démolisseurs. Ces édifices sont la Bibliothèque du Roi

et

et le quarré de maisons bâties sur l'autre moitié de l'enceinte, primitivement destiné à l'Opéra : ces deux quarrés, entre quatre rues, ont la même dimension et la même coupe.

Les rues du tour de l'Opéra se nomment *Richelieu*, *Louvois*, *Lully* et *Rameau*. Ces trois dernières font également le tour du second quarré.

La rue *Sainte-Anne*, parallèle à celle de Richelieu et à l'ouest de cette dernière, est, à la façade du second quarré, ce que l'autre est à l'entrée principale du théâtre.

Marquons maintenant les points topographiques d'où l'observateur puisse trouver, comme nous, qui sommes dans l'enceinte, le lieu précis du départ de l'assassin, l'endroit où était la victime, et le chemin qu'a suivi Louvel depuis le moment où Monseigneur le duc de Berry, descendu de l'Opéra, fut frappé, jusqu'au coin de l'arcade Colbert, où l'assassin fut arrêté.

Toisons d'abord la rue de Lully, puisque c'est au bout de cette rue que Louvel paraît s'être posté pour courir sur sa victime.

La rue de Lully a 121 pieds et demi de long ; elle forme toute la largeur du derrière du théâtre : le bâtiment étant régulier, cette largeur est la même pour la façade sur la rue de Richelieu. Le pied est composé de 12 pouces et le pouce de 12 lignes, d'après le calcul duodécimal.

De l'angle des rues Rameau et Lully, où se termine l'extrêmité du fond du théâtre, jusqu'à l'alignement de la façade de la principale entrée et sortie rue de Richelieu, on compte 170 pieds et demi.

Louvel, partant de cet angle, a parcouru 83 pieds et demi pour arriver à sa victime; il était embusqué dans l'espace qui existe entre les bornes placées tout le long à des distances égales et le mur latéral de l'Opéra: la distance de ce mur au milieu des bornes est de 45 pouces.

La voiture des Princes approche à 4 pieds et demi de ce mur, où est la porte d'entrée de la loge de la famille royale. L'avance du marche-pied des voitures est de sept ou huit pouces: une personne qui a donné la main à une autre, et qui la salue, comme faisait Monseigneur le duc de Berry, est éloignée d'un pied et demi de l'intérieur de la voiture; ainsi le Prince a été frappé à la distance juste de trois pieds de la porte de son entrée, directement en face de la ligne de démarcation des deux premières maisons de la *rue Rameau*, du côté de cette même rue, opposé à l'Opéra.

Après le coup porté, l'assassin, suivant sa route devant lui, a parcouru 86 pieds, jusqu'au coin de la rue de Richelieu, qu'il suivit en tournant à gauche. A sa droite est la Bibliothèque du Roi ; de l'autre côté, il est devant la façade de l'entrée et de la sortie principale de l'Opéra. Cette façade a 121 pieds 1/2 de large, comme le derrière de la salle. En prenant cette route, couverte de sentinelles, l'assassin croyait sans doute que le Prince n'était descendu qu'à la fin du spectacle ; alors il espérait se perdre dans la foule, ou y trouver du renfort : car, s'il eût été réellement seul, puisqu'il voulait se sauver, la route la plus sûre pour lui, était celle que certains Publicistes ont dit qu'il avait prise, en rebroussant chemin, entre les voitures, par les rues *Rameau*, *Lully* et *Louvois*.

De l'angle des rues Lully et Rameau, point présumé du départ de Louvel, jusqu'à l'Arcade Colbert, où il a été arrêté, on compte 412 pieds.

Voilà les distances et les localités. Revenons au Prince, et ne nous occupons que de lui et de sa Famille : le tableau qu'il nous présente n'a pas besoin du contraste de son assassin pour exciter tout notre intérêt. Sur son lit, dans l'en-

*

ceinte de la salle où il souffre, la vertu et la
résignation doivent nous occuper entièrement.
On sait que l'assassin a été arrêté ; on peut
compter ses pas, cela suffit. Le Prince seul est
donc le sujet du premier tableau qui fait le pendant ou la suite de la galerie du duc d'Enghien,
de Pichegru et de ses compagnons, morts ou
vivans, mutilés par la hache ou par la justice
des hommes.

Le second tableau est celui du Prince et
de sa Famille, durant la fatale nuit qui leur
fait éprouver dans l'espace de sept heures le
martyr que des milliers de leurs serviteurs ont
subi depuis trente ans.

Le troisième tableau est le portrait de Louvel, et l'ensemble de Paris et de la France.

Donnons le dernier coup de crayon à la notice historique du duc de Berry : les deux traits
suivans, extraits de la *Quotidienne* du 11
avril 1820, placés dans le premier plan, la
veille de la mort du Prince, sont inscrits *en
ce moment au livre de vie.*

M. de Provenchère, qui avait coopéré à l'éducation du duc de Berry, sur la terre d'exil,
s'était retiré *aux États-Unis*, en 1814. Lorsque
le Prince forma sa maison, il voulût placer
près de sa personne cet ancien serviteur, et

lui fit écrire de repasser en France; M. de Provenchère, en adressant au Prince l'expression de sa vive reconnaissance, s'excusa sur son grand âge et ses infirmités, qui ne lui permettaient plus ni de remplir aucune fonction, ni de traverser les mers. Le Prince lui répondit, sur-le-champ, ces mots, écrits de sa main : *Mon bon Provenchère, la place que je vous donnais avait été créée pour vous ; c'était celle de Trésorier de ma cassette particulière : cet emploi vous aurait occupé une heure, tout au plus. Puisque vous êtes dans l'impossibilité de venir prendre possession de cette place, je la remplirai moi-même, et vous en enverrai les émolumens.* Voilà l'homme au sein de sa famille ; voici le Prince mettant la soumission et la fidélité à l'épreuve pour récompenser les vertus avec plus d'honneur et d'éclat.

M. le baron Laîné, avant d'être lieutenant-colonel de la gendarmerie de Paris, commandait, en second, un régiment de chasseurs à cheval, en garnison à Compiègne. Le Prince, qui avait remarqué dans ce brave militaire un dévouement sans bornes à la Maison de Bourbon, l'affectionnait, et n'aimait pas moins ce régiment. Chaque fois que Monseigneur le duc de Berry venait de chasser, il faisait manœu-

vrer le corps , avec ce talent particulier , que
les meilleurs tacticiens admiraient dans toutes
les revues du Prince. Un jour , le régiment était
en bataille sur l'Esplanade , et une foule con-
sidérable s'y trouvait aussi; S. A. R. , en arrivant,
voit accourir vers elle le lieutenant - colonel
Lainé , pour prendre ses ordres : *Lainé* , lui
crie le Prince , d'une voix très-forte , qui semblait annoncer un grand mécontentement , *pied*
à terre. Le major s'arrête tout-à-coup , et se
soumet à l'ordre du Prince. Le Prince s'était
approché ; conservant un ton sévère , il ajoute :
pied à terre. L'étonnement du major redouble.
Il aura été calomnié , et on va le destituer igno-
minieusement : n'importe , il se tait et il obéit.
A peine a-t-il mis un genou en terre , et présenté la poignée de son sabre , que S. A. R. ,
d'un autre ton, prononce ces mots à haute voix :
Lainé, au nom du Roi, je vous reçois che-
valier de Saint-Louis ; faites votre serment,
et venez ensuite me donner l'accolade de
Chevalier. A ces mots , chacun exprima sa pensée sur le caractère du Prince : *c'est un bâton*
d'or dans un cornouiller raboteux , disait l'un ;
c'est plutôt un rayon de miel caché dans le
fond d'un vieux chêne , reprenait l'autre : eh !
Messieurs , disait la multitude , *c'est le cœur et*

l'esprit d'Henri IV. Oui, car ils ont fini l'un comme l'autre.

Chaque soir, l'empereur Tite faisait le résumé de sa journée, et s'écriait tristement, quand il n'avait rien fait de bon : *Hélas ! j'ai perdu mon temps aujourd'hui*. Cet Empereur avait raison ; car il est presque impossible à un Roi, qui le veut, de perdre un seul jour sans faire du bien. Mais le duc de Berry, étranger au maniement des affaires, pouvait vivre pour lui sans être comptable. L'empereur Tite résumait sa journée le soir : pour n'avoir ni ses tablettes, ni *ses mains vides* devant Dieu et devant les hommes, le duc de Berry casait le matin ses actions de la journée.

Le 13 février 1820, dimanche matin, le Prince, en déjeûnant avec son épouse, récapitule les plaisirs que doit leur procurer le carnaval : *mais*, reprend-il en résumant son compte, *c'est fort bien ! pendant que les riches s'amusent, il faut que les pauvres vivent*. De suite il envoie un billet de mille francs au bureau de charité. Cet élan naturel du cœur fut bien payé, le jour même, par la Providence ; et le Prince verra le soir l'accomplissement de cette maxime de Tobie à son fils : *L'aumône préserve l'âme des ténèbres, et devient un grand*

sujet de confiance devant Dieu, pour ceux
qui l'auront pratiquée.

A 11 heures, LL. AA. RR. se rendent au
Tuileries; le Prince, suivant son usage, reçoit,
avant la messe, les personnes qui viennent lui
présenter leurs hommages. S. A. R. aperçoit
de loin, dans le groupe des officiers, un des
chefs de l'armée, disgracié par suite du retour
de Buonaparte, qu'il avait servi dans les cent
jours. Sans attendre le tour de présentation du
nouveau converti, le Prince fend la foule, s'a-
vance jusqu'à lui, saisit affectueusement sa main,
lui adresse des paroles de bienveillance, qui
font couler de bien douces larmes de repentir
et de reconnaissance.

Le duc de Berry avait fait l'aumône, il avait
pardonné de bon cœur : ces deux sources de
félicité versèrent sur sa dernière journée cette
gaîté pure et franche qui était, sans qu'il le sût,
l'avant-goût du bonheur qui l'attendait pour
toujours le lendemain matin, à six heures et
demie.

LL. AA. RR. avaient passé l'après-midi au
Palais-d'Orléans. Jamais le duc de Berry ne
fut plus gai ; il folâtra avec les enfans de son
cousin jusqu'au moment du spectacle extraordinaire qu'il avait fait demander à l'Opera, pour

le soir. On donnait trois pièces : *le Rosignol*, *le Carnaval de Venise* et *les Noces de Gamache*. Monseigneur le duc d'Orléans était au spectacle avec toute sa famille ; le duc de Berry passa de sa loge dans celle de son cousin, pour aller jouer avec les enfans d'Orléans. Il les caressait avec une cordialité qui fut remarquée et parut faire plaisir à la grande majorité des spectateurs, charmée de voir cette union sincère entre les deux branches de la même famille.

Tout entier au public, à ses cousins, à son épouse, au bonheur d'être aimé, le duc de Berry, plus leste et plus enjoué qu'il ne l'avait été depuis long - temps, sortit de sa loge et y rentra plusieurs fois, toujours avec la même humeur. L'union de Charles avec Caroline présentait l'accord de la douceur et de la tendre faiblesse, mariées à la force et à la bonté.

La veille, LL. AA. RR. avaient assisté au bal donné par M. le comte Grefulh, pair de France. La Princesse, enceinte et fatiguée d'avoir passé une partie de la nuit précédente, s'endormait péniblement durant le premier acte du ballet des *Noces de Gamache*. Il étoit alors onze heures moins vingt minutes : le Duc propose à son épouse de se retirer ; elle y consent ;

mais elle sait que son époux désire voir la fin
du spectacle , elle le conjure de rester dans la
loge , sans qu'il l'accompagne à sa voiture. Ce
fut envain : le duc de Berry , fidèle au devoir
de prévenance et d'amitié qu'il s'est imposé
pendant toutes les grossesses *de sa Caroline*,
de lui donner le bras dès que cette *Princesse*
quitte son palais , même pour se promener dans
son jardin , ne manqua dans cette occasion.
Le Duc et la Duchesse descendent , accompagnés de MM. de Clermont, de Choiseul-
Beaupré et de Menars , ses gentilshommes ou
aides-de-camp. Madame la duchesse de Berry
était avec madame la comtesse de Béthizy, l'une
de ses dames d'honneur. La voiture approche
à quatre pieds et demi de là porte de l'entrée
des Princes. Monseigneur le duc de Berry, après
avoir donné la main à son auguste épouse , qui
est déjà assise dans la voiture ; avec la même
politesse, aide à monter à madame la comtesse
de Béthizy. Il était onze heures moins dix minutes : le domestique , baissé , relevait le marchepied ; le Prince, entre MM. les comtes de
Clermont , de Choiseul, de Mesnard , et en face
la sentinelle , qui présente les armes ; le dos à
moitié tourné vers la rue de Lully , s'incline légè-
rement , et salue de la main droite , en disant à

son épouse : *Adieu*, *Caroline*, *nous nous re-*
verrons bientôt.

Ces mots à peine achevés, la voiture encore
ouverte, le marchepied replié, la main du domestique sur la portière, le Duc prêt à se retourner pour rentrer au spectacle, est saisi
fortement par l'épaule gauche : en un clin-
d'œil, un assassin, qui s'est fait jour entre
quatre personnes, appuyé ainsi sur sa victime,
élevant le bras au-dessus de l'épaule droite,
sur le côté que le Duc a laissé à découvert, en
saluant ces dames, lui enfonce, au-dessus du
sein droit, entre la septième et la huitième côte,
un instrument aigu à deux tranchans, de la
longueur de six pouces, attaché à une poignée
de bois grossièrement travaillée : le coup est
porté avec tant de violence, que l'instrument
reste plongé de toute sa longueur dans le corps
du Prince.

Je suis mort ! je suis assassiné ! s'écrie le
Prince, d'une voix rauque et sépulchrale. Il
chancelle, pâlit, et, retirant à lui le bras qu'il
tendait à son épouse, il sent le manche du
glaive qui est arrivé jusqu'à son cœur, arrache
ce fer assassin ; on porte l'infortuné sous le vestibule de son entrée au spectacle : le sang
jaillit.....

Aux cris de son époux, la Princesse veut se précipiter hors de la voiture : le marchepied était relevé ; madame de Béthizy retient l'illustre infortunée. Le domestique se hâte de descendre le marchepied ; il n'a qu'à moitié fini, la Duchesse a sauté en bas ; elle est dans les bras et aux pieds de son époux : des bouillons de sang inondent son mouchoir et son sein. *Viens, ma pauvre femme ! que je meure dans tes bras !* lui dit son époux, en lui tendant une main humide, tremblante et déjà crispée.

Onze heures sonnent.... Le Duc., assis dans un fauteuil, la face décolorée, éprouve une oppression toujours croissante ; son pouls est extrêmement faible et irrégulier : tout le sang court au cœur. Vîte, un médecin et de prompts secours ! le danger est extrême. Le docteur Drogart, qui demeure en face, est appelé, et descend de suite à moitié habillé : il se dispose à saigner le Prince, lorsque le docteur Blancheton, qui demeure à cinquante pas, rue de Lully, n°. 1, est amené par M. le comte César de Choiseul.

Onze heures et quart.... Il faut opérer un débridement ou élargissement à la plaie, pour que le cœur et l'estomac ne soient pas noyés par le sang qu'on veut attirer au-dehors. On ne peut

opérer le Prince sous le vestibule de son entrée. Il
a froid; on le monte dans sa loge. Dans le moment arrive le docteur Lacroix - Lacombe : la
victime est sur un espèce de lit-de camp pendant qu'on débride la plaie. Le docteur Lacroix,
voyant les opérations qui vont avoir lieu , et la
douloureuse position du malade , placé sur un
coussin de canapé , demande du monde , et vole
avec des valets de pied , chercher un lit complet chez son voisin , le tapissier Duriez, demeurant rue Rameau , n°.6.

Onze heures et demie.... Le lit est apporté de
suite par M. Lacroix-Lacombe , médecin ; Duriez ; tapissier ; *Gérard* et *Féron* , valets de pied
des Princes , tous font en même-temps ce *dernier coucher* au malheureux Prince ; et l'éten-
dent sur le trône du martyr de la religion triom-
phante et de la véritable immortalité. *Ah ! que
je souffre ! Ah ! que la mort est longue à
venir !* dit l'infortuné , dont les douleurs et l'é-
touffement redoublent par l'agitation qu'il a
éprouvée de son déplacement et de son coucher. On eût dit dans ce premier moment, que
les cris et les sons aigres et caverneux de la voix
sortaient en même-temps et de la plaie et du
fond d'un gosier aride, et d'un gouffre embrasé.

La famille , en recevant cette affreuse nouvelle , voit le poignard levé sur chacun de ses membres; elle accourt et arrive séparément par différentes routés.

Minuit.... Un rayon d'espoir semble luir pour les assistans. L'élargissement de la plaie donne du calme au malade : le sang s'échappe extérieurement, la voix est plus libre, le Prince a pleinement recouvré l'usage de ses sens et de ses facultés.

Cet usage ne lui est rendu que pour qu'il en fasse à Dieu une offrande et un sacrifice plus exemplaires. *A moi, ma fille! A moi, Monsieur l'Evêque d'Amiclée !* s'est écrié le Prince, peu de momens après avoir été placé sur le lit de douleur.

Madame, son époux, Monsieur, comte d'Artois; le jeune Saint-Louis, l'infortunée Caroline, tous les membres de la famille d'Orléans sont réunis dans la salle de l'administration de l'Opéra. Dans ce moment, qui retient les assassins qui voudraient, d'un seul coup frapper toute la famille des Bourbons ? La Providence, qu'ils méconnaissent, lors même qu'elle les terrifie.

Le père du jeune Saint-Louis, informé de son malheur, presqu'à l'instant même, par M. le comte de Mesnard, est sur le champ monté seul dans sa voiture, afin *que les assassins*, dit-il, *ne prennent pas un autre pour lui.* Alors M. le duc de Maillé, son premier gentilhomme, s'est élancé derrière le carosse, afin de pouvoir défendre à l'extérieur celui que, dans la voiture, il ne pouvait couvrir de son corps.

Madame, vêtue simplement, la tête enfoncée dans un grand chapeau, le corps un peu arqué, assise au pied du lit du Prince, d'un œil inquiet suit avidement en silence tous les mouvemens des médecins et du malade.

La salle, remplie des plus illustres personnages et de toutes les classes de la société, est silencieuse : on se parle par signe. M. le comte d'Artois, la tête enveloppée dans ses deux mains, dont il couvre et presse sa figure, fait quelques pas, revient vers le lit, retient ses sanglots, exhale sa douleur, en se frappant la tête sur les murs de la salle. Le frère du martyr, un genou en terre, baise la plaie de son frère et inonde sa main de larmes.

Minuit et demi... Arrive le docteur Bougon, il suce la plaie du Prince, les yeux baignés de larmes. Le Martyr, pénétré de cette sublime preuve du plus sincère attachement, éloigne ces lèvres pures auxquelles il craint de communiquer le poison dont l'assassin pourrait avoir enduit le fer qui lui arrache si lentement la vie. *Hélas !*

que faites-vous ? dit le Duc au docteur Bougon, *ma blessure est peut-être empoisonnée !*

Une heure du matin, 14 *février* 1820.... Le Prince a été saigné plusieurs fois aux bras et aux pieds ; l'étouffement est moindre, mais le mal empire. Le malade a rendu ses alimens avec des efforts pénibles; les forces diminuent, le frisson se fait sentir : M. le duc de Maillé entre et annonce le docteur Dupuytren, qu'il a été chercher lui-même. Tous les hommes de l'art se réunissent dans la pièce voisine et se consultent sur l'état du malade, qui demande instamment à ne pas mourir dans l'enceinte où il se trouve. S. A. R. apprend toute la vérité de sa triste situation : elle n'est pas transportable, et, pour obtenir un espoir raisonnable, il faut *faire éprouver au malade des douleurs cuisantes.* On va de nouveau débrider la plaie plus largement, et introduire, s'il se peut, jusqu'à la profondeur de la pointe du fer, une mêche soufrée, pour faciliter la sortie du sang épanché. La Faculté ne se résout à faire cette tentative, qui déchire le cœur du père, qu'après l'avoir consulté : *C'est un fils qui m'est bien cher ; je l'abandonne à vos soins et me fie à votre zèle et à vos talens,* dit M. le comte d'Artois. Les docteurs Dubois et Roux arrivent en ce moment. On opère. *Hélas*,

dit

dit le Prince, en supportant son mal avec un calme héroïque, *je suis bien touché de vos soins, Messieurs, mais ils sont superflus; je le sens bien, ma blessure est mortelle.* L'opération produit un soulagement de quelques minutes, l'appareil est inondé de sang, le pouls devient plus réglé, les étouffemens sont moindres, la parole est plus libre.

Les forces du Prince s'épuisent, il le sent et veut mourir en chrétien; il veut pardonner sincèrement à l'homme qui l'a frappé : il ne voit dans cet homme que l'instrument de son martyre. Si les lois humaines ne peuvent lui rendre la liberté, elles peuvent lui faire grâce de la vie. Il a déjà demandé s'il ne verra pas le Roi avant de fermer les yeux pour jamais. A ces mots, des sanglots, des soupirs, des cris se confondent; l'épouse du Prince s'abandonne sans réserve à toute sa douleur. *Caroline*, lui dit doucement le Martyr, *vos cris doublent mes maux!.... Ma chère amie, ménagez-vous pour l'enfant que vous portez dans votre sein....; suppliez le Roi de se rendre ici; qu'il me donne le temps de solliciter la grâce de l'homme qui m'a frappé!....* Un moment après, voyant les Maréchaux de France approcher de son lit, il met la main sur sa

5

plaie, et leur dit : *Qu'il est cruel de périr de la main d'un Français ! Ah ! Messieurs, pourquoi n'ai-je pas trouvé la mort dans les combats au milieu de vous !...*

Deux heures du matin... Les hommes de l'art font une troisième consultation. Le premier bulletin de la santé du Prince a été envoyé au Roi à minuit : à toutes les demi-heures, des couriers vont porter des nouvelles au Château. Les efforts de l'art ne peuvent plus retarder que de quelques instans les pas de la mort qui s'avance, et le bulletin qui suivra celui-ci sera le dernier.

Jusqu'à deux heures après minuit, les assistans ont conçu quelqu'espoir de salut. Tout va finir, le Prince s'y attend depuis minuit. M. de Latil, évêque de Chartres, arrive, confesse le Prince : le Ciel lui donne une nouvelle force, une nouvelle foi, un nouveau courage. Après s'être recueilli dans le sein des Ministres des autels, le jeune Saint-Louis retrouve un nouvel homme, et des organes sonores pour confesser devant les hommes du siècle, comme en présence des Saints qui entourent son lit, les erreurs, les fautes, les écarts de sa jeunesse, de sa vie privée et publique : non-seulement il pardonne à son assassin, parce qu'il est près de mourir ; mais la haine , la vengeance ; mais toute l'illusion des passions fuyent loin de lui. *Je ne crains pas la mort* , dit-il ; *je ne crains que pour mon salut ; j'espère en la miséricorde de Dieu : puisse ma résignation désarmer sa justice, et m'obtenir le pardon de mes fautes !* Convaincu de la sublimité de cette foi qu'il professe , comme de cette charité qui fait les vrais Martyrs , il voit les avantages de la jeunesse, de la fortune et de la puissance , de l'œil du saint homme Job.

Trois heures du matin. .... Ce fut dans cet état de calme intérieur, que M. Marduel, curé de la paroisse Saint-Roch, où est la circonscription de l'Opéra, vint trouver le Prince. Ce digne pasteur fut éveillé en sursaut, à trois heures moins un quart du matin, par une personne qui vint le chercher de la part de monsieur l'évêque d'Amiclée (Latil, désigné évêque de Chartres), pour administrer les derniers sacremens à Monseigneur le duc de Berry, assassiné hier, à onze heures du soir, au sortir de l'Opéra. Il crut qu'il dormait encore, et que cette nouvelle était un songe dont il ne pouvait s'affranchir. Ce respectable pasteur, Martyr de la révolution, a bien voulu me donner quelques détails du tableau de la victime et des assistans, lorsqu'il entra, tenant dans ses mains l'huile sainte, baptême de vie qui rend au mourant sa robe virginale *pour aller à l'époux*; cette huile, dont les onctions faites sur les organes ou sur les portes de la prison de l'âme chrétienne, la purifient, et rendant, s'il est possible, l'ouvrage ou la matière digne de l'ouvrier, ouvrent un libre passage à l'homme céleste, et laissent à sa compagne, la poussière encore animée, un gage de leur réunion future.

La religion, le jeune Saint-Louis, les ministres des autels, les assistans, la cour et le royaume de Jésus-Christ, voilà le tableau de l'intérieur de la salle de l'administration de l'Opéra à trois heures sonnantes du matin, le 14 février 1820. O Prince! les heures courent si vîte, vous n'avez plus que quelques instans à vivre; et il vous faut régler pour toujours votre compte général et définitif avec les hommes et avec Dieu. Mais déjà vous avez terminé la partie la plus importante de l'ouvrage : vos aveux ont réparé vos fautes et vos erreurs; achevez, achevez en paix de fournir à la France et à la Cour le vrai modèle de Saint-Louis; modèle dont la révolution, l'athéisme, l'hypocrisie, la cupidité, l'ambition, l'orgueil, malheurs insépa-

rables de l'espèce humaine , ont contr'eux-
mêmes un besoin impérieux pour rentrer dans
leurs limites.

Le pasteur arrive : le père , le frère , l'épouse,
l'auguste cousine du Prince , les hommes de
tous les rangs s'agenouillent. Le Martyr est à
moitié sur son séant , le prêtre et quelques assistans qui lui aident , sont debout ; ils prient.
Les noms du Christ , de Dieu , de la mort , ont
été prononcés : on a répondu à ces mots par
des soupirs , par des sanglots ; et à ces mots , la
douleur et l'effroi brisent et renversent tout
ce qui entoure le lit du Prince. Dieu et le trépas sont entrés dans cette enceinte : le Martyr
les sent , les voit , les attend , les invoque ; tout
ce qui l'entoure est attéré : ce Dieu , cette mort
sont la grêle et l'orage dans une nuée sombre
qui scintille et décharge avec fracas le ravage
et la désolation sur une moisson jaunissante.
La mort voit à ses pieds tous ceux qu'elle
épargne ; et la victime est debout comme l'épi
qui , laissé seul par la tempête , flotte en paix au
milieu d'un champ dévasté.

Tout autour du lit est l'arsenal de la mort : la
porte de la salle , les meubles , le parquet , le
linge dans le plus grand désordre , sont marqués

du sang de la victime. Les instrumens de chirur-
gie sont jetés pêle-mêle avec les potions et les
vases de pharmacie : tout est empreint du malheur, partout est l'atmosphère du trépas ; chacun l'aspire, chacun en exprime les accens. La
sentence muette des hommes de l'art a banni
tout espoir, l'écho lugubre des cris et des sanglots, la contraction du désespoir, l'horreur de
l'attente, la certitude de la réalité, la posture
gênée des assistans, la paleur livide des visages
sillonés par la fatigue et l'anxiété de ce qui se
passe au dedans, par l'effroi de ce qui peut arriver au-dehors, par l'absence du sommeil, par les
ténèbres, par les longues heures de la nuit ; en
un mot, mille chances affreuses, mille terreurs,
mille morts se présentent à-la-fois aux assistans.

Le Prince seul, au milieu de tant d'alarmes,
malgré les tortures et l'horrible tremblement de
tous ses membres, dont chaque spectateur frémit plus que le Héros chrétien, conserve une
sérénité angélique, et son front, seul point
étranger au trouble général, étincelle des rayons
de la paix et de l'éternité. Le ministre des autels,
témoin des derniers momens de tant d'autres
hommes, voyant cette figure céleste, croit,
dit-il, en comparant le jeune Saint-Louis avec

ce qui l'entoure, avoir les pieds sur cette vallée
de larmes , et la tête dans la région où fût transporté le grand apôtre.

Le Prince, réconcilié avec Dieu par l'Onction
sainte, termine ses affaires d'ici-bas; il demande
sa fille, il la bénit, ainsi que son auguste épouse,
qui la lui présente. Se soulevant un peu, il leur
impose les mains et dit : *Hélas ! chere enfant,
puisses-tu être moins malheureuse que ta famille !* Le souvenir de deux jeunes enfans qui
vont être orphelines , se présente au Martyr; il
demande à son épouse la permission de les voir :
cette demande était accordée d'avance par la
confession publique du Prince. A l'instant, ces
deux jeunes et jolies personnes, vêtues de blanc,
sont introduites et se jettent à genoux auprès du
jeune Saint-Louis, qui ne peut leur adresser que
quelques mots, car son cœur est suffoqué et ses
forces diminuent.

A l'instant, l'épouse du Martyr prend ces
deux orphelines par la main, leur fait embras-
sa fille *Mademoiselle* , les embrasse elle-même,
et crie à son époux, autant qu'elle a de force :
*Charles ! mon cher Charles ! j'ai trois enfans
à présent !*

Quatre heures du matin... Ayant réglé avec
Dieu, avec sa famille, il songe à ses amis et à

ses serviteurs. M. le comte de Nantouillet, qui, depuis trente ans, est le premier Officier de sa Maison, assiste à toutes ces scènes déchirantes : le Duc l'aperçoit et lui dit : *Venez, mon vieil ami, je veux vous embrasser avant de mourir.* Le Comte tombe aux pieds du Prince, répond par des larmes, l'embrasse et s'éloigne pour supporter tout le poids de l'amour et du malheur. MM. les comtes de Clermont, de Coigny, de Chabot, de Boisfremont reçoivent les plus touchans adieux du Prince. S. A. R. fait ensuite des dispositions pour les personnes attachées à son service, et les recommande toutes à son trop malheureux père..... Il demande ensuite à voir le Roi, pour obtenir le pardon de l'homme qui l'a frappé: il exprime ce vœu à plusieurs reprises.

Cinq heures sonnent... Hélas ! le Roi ne vient pas encore, dit le Prince, qui se sent défaillir. De vives douleurs nerveuses se manifestent à l'épigraste et au cerveau : on les calme par des anti-spasmodiques, mais les hommes de l'art viennent de prononcer l'arrêt. Le dernier bulletin est envoyé au Roi ; il contient ce peu de mots : *Le Prince touche à ses derniers momens*

Le Martyr voit la mort approcher, il prie lui-même M. l'évêque de Chartres de lire les prières des agonisans. A cette demande, toute la famille tombe à génoux, quelques-uns se prosternent à terre.

Le Prélat se lève, étend la main sur le malade et lui prononce, en sanglottant, ce terrible appel fait à l'âme, au nom des trois vertus fondamentales de la religion :

« Partez de ce monde, âme chrétienne, au
» nom de Dieu, le Père Tout-Puissant, qui vous
» a créée; au nom de Jésus-Christ, fils du Dieu
» vivant, qui a souffert pour vous; au nom du
» Saint-Esprit, qui s'est communiqué à vous; au
» nom de tous les martyrs et de tous les anges :
» partez, joignez-vous à eux; allez habiter au sé-
» jour de la paix. Puisse la céleste Sion devenir
» votre demeure! »

L'arrêt des médecins était sans espoir, mais ces paroles sont un coup de foudre..... *C'en est donc fait, ô mon fils! ô mon époux! ô mon frère! ô mon meilleur ami! il faut nous séparer pour jamais!* Ces mots, entrecoupés de larmes et de soupirs, allaient donner un libre cours à l'expression de la plus vive douleur..... On annonce le Roi: à cette nouvelle le respect commande le silence. Monseigneur le Duc de Berry se ranime et dit d'une voix angélique : *Sire, grâce! Oh! grâce pour l'homme qui m'a*

frappé! —Ah! mon oncle, reprend le Duc
d'Angoulême, *accédez à sa prière: ce désir le
tourmente depuis deux heures. — Oui, Sire,
grâce!* reprend le Martyr, *au moins, de la
vie... pour... l'homme. Grâce!... Sire!...
je mourrai en paix.*

Mon fils, répond le Roi, *vous vous rétabli-
rez; nous en parlerons: ne songeons qu'à vous.
— J'ai interrompu votre sommeil, mon oncle.*
Le Monarque, occupé de sa douleur, ne répond
pas. Ce n'est pas le lieu de détailler tous les dangers que la Famille royale a courus depuis hier
jusqu'à deux heures après minuit, que les mesures
suffisantes de sûreté ont été assurées. Monseigneur le Duc de Berry, après avoir demandé
avec autant d'instances la grâce du malheureux
qui l'a frappé de mort, perd l'usage de ses facultés: tous ses devoirs sont remplis; ses traits
se décomposent, sa voix s'éteint, sa raison s'é-
clipse......

Six heures sont sonnées... Le malade s'af-
faiblit, ses lèvres tremblottantes prononcent les
mots de *Caroline, de patrie, de famille......*
La vue baisse....Il s'agite et dit: *O mon pays!
O malheureuse France!* Le Prince n'existe plus
qu'entre la vie et la mort. Dans ce moment,
l'Héroïne du Temple, qui n'a pas pu verser une

larme, s'approche du lit , se met à genoux, joint les mains, et, s'adressant au ciel et au Martyr : *Courage ! mon frère*, lui dit-elle; *mon père vous attend, dites-lui de prier pour la France et pour nous.* Après cette courte et fervente prière, la Princesse se lève et essaie d'emmener sa cousine dans une pièce voisine, pour lui sauver le moment fatal.

Six heures et demie du matin , 14 février 1820... Le Duc de Berry expire... Le Roi a fait éloigner l'épouse du Prince et l'Héroïne des Français.... S. M. reçoit le dernier soupir de son neveu; elle se lève, et s'appuyant sur le bras du docteur Dupuytren : *Je ne crains pas la mort*, dit-elle *; j'ai un dernier devoir à rendre à mon fils.* Elle s'approche et ferme les yeux au Prince.

Après ce coup affreux, le Roi, hors de lui-même, en s'éloignant du lieu funèbre, oubliait son chapeau: l'ouvreuse de la loge du duc de Berry vient l'apporter à S. M. Monsieur, comte d'Artois, en se relevant , laissa également son chapeau sur le lit de son fils : M. Duriez , qui a fourni *ce véritable dernier coucher*, vient le réclamer le matin , après que le corps du Prince est porté au Louvre. En déroulant ses matelas

pour les reconnaître, il trouve le chapeau de
Monsieur enveloppé dans ce coucher (1).

---

(1) Le Centenier s'écria après la mort du Christ, voyant
les prodiges qui s'opéraient : *celui-là était vraiment le
Juste* ! Des matérialistes, témoins de l'héroïsme du Duc
de Berry et de la sincérité de la demande *de Grâce* qu'il
faisait pour son assassin, se sont convertis à la Religion
chrétienne et à la Légitimité. Un partisan de l'Empereur,
voyant l'union de la Famille royale, a dit au sortir de
l'Opéra : Je n'aimais pas les Bourbons, je les calomniais
sans le savoir ; je les ai vus, je les aime et les défendrai
jusqu'à la mort. Ainsi le Duc de Berry, en mourant, a
opéré des miracles pour le triomphe de la Religion et de
la Légitimité. L'Histoire nous apprend que Louis IX,
sur son lit de mort, placé au milieu de ses ennemis, em-
porta dans le tombeau leur estime et leur admiration.
Si nous possédions aujourd'hui le *Coucher* de ce Prince,
mort d'une maladie épidémique, la crainte de la conta-
gion s'évanouirait par amour et par zèle pour la Religion
et la Légitimité : nous voudrions, à tout prix, constater ce
monument et le posséder ; nous saurions un gré infini aux
conservateurs qui pourraient nous le garantir. Le *Coucher* du jeune Saint-Louis, assassiné par l'athéisme, fut
abandonné à l'oubli pendant un mois ; la personne qui
approche le plus près du père de la Victime, convient
qu'elle ignorait où était le *Véritable Dernier Coucher.*
Un des conservateurs du monument, après avoir fait tous
les frais des actes authentiques, dirigé les recherches ,

Un mot sur l'assassin. Voici d'abord son origine et son signalement :

Louvel (Louis-Pierre), fils de Jean-Pierre et de Louise Mounier, né à Versailles, le 7 oc-

---

réuni les témoins, fait imprimer à ses frais un grand nombre des pièces authentiques, nombre inférieur à celui des fables publiées par l'intrigue et le crédit de cette personne, se présente aux dépositaires de la confiance de la maison de Bourbon ; le père de la Victime donne ordre de demander le monument, et de les indemniser. On se présente de la part du Prince, et le *Veritable Dernier Coucher* n'est cédé qu'après des instances réitérées. M. Duriez observe aux demandeurs, qui sont accompagnés de porteurs de la Cour, venus avec eux, exprès pour cette mission, qu'il ne peut laisser emporter le traversin en l'absence de M. Louis Ange Pitou, à qui il a cédé ce monument par un acte signé de lui, en date du premier mars 1820 ; moyennant, par le sieur Pitou, de faire faire tous les actes authentiques, de les faire transcrire et imprimer, autant de fois qu'il en sera nécessaire, pour être remis à tous les Princes, et répandus dans le public. Ces conditions fidèlement remplies, le sieur Pitou est légitime possesseur du traversin, d'après son acte, que le sieur Duriez oppose aux demandeurs ; ils répondent qu'il faut le monument soit complet. Après de nouvelles instances, le traversin est enlevé, comme le reste, avec la promesse de donner un reçu détaillé du tout. Ce reçu devait constater expressément que *ce Coucher était le seul Véritable*, sur lequel le Prince avait rendu le dernier

tobre 1783, taille d'un mètre 61 centimètres,
cheveux blonds, sourcils idem, front petit,
yeux bleus, nez petit, bouche petite, menton
rond, visage oval, conscrit de l'an 12, entré

---

soupir. Cette déclaration précise, est d'autant plus nécessaire, qu'elle sert à confondre la fable du sieur Grandsire, secrétaire-général de l'Opéra, qui s'est attribué
sciemment, à tort, dans tous les journaux, *le mérite du
Premier et du Dernier Coucher du Prince*, débarquant
à Cherbourg, en 1814, et mourant dans l'Opéra le 14 février 1820. Le crédit du sieur Grandsire l'a bien servi jusqu'à ce jour; car ce *Véritable Dernier Coucher*, enlevé
chez M. Duriez, le 20 février 1820, à trois heures et demie
du soir, après la promesse donnée audit sieur Duriez, d'un
reçu énoncé comme ci-dessus, reçu qui devait être ac-
compagné d'un procès-verbal en règle, n'a été suivi jusqu'à ce jour, d'aucun reçu, adressé directement aux possesseurs du Monument; on s'est contenté d'adresser à
M. le Docteur Lacroix-Lacombe, une *lettre datée des
Tuileries, Chambre de Monsieur*, 20 mars 1820, dans
laquelle il est dit: *Qu'on reconnaît avoir reçu, par les
mains de monsieur le Docteur Lacroix, les objets
suivans, appartenant à M. Duriez, tapissier, rue
Rameau, dont on avait fait usage la nuit du 13 février, et réclamés par ordre de* Monsieur, *en dédom-
mageant toutefois M. Duriez du soin qu'il avait
mis à conserver ces objets précieux:*

   Un lit de sangle;
   Deux matelats;

au bataillon principal d'artillerie de l'ex-garde,
le 12 vendémiaire an 14 , réformé le 19 mai
1806.

Extrait des registres du Ministère de la guerre.

J'ai donné une note historique de la vie du
Prince ; j'ai mesuré les localités, j'ai fait les rap-

Un traversin ;
Une couverture de coton ;
Et deux draps.

Cette lettre, loin de confondre la fable du sieur Grandsire, atténue, autant qu'il est possible, le certificat précis
de M. le Docteur Lacroix-Lacombe ; en déclarant que
les effets ci-dessus ont *servis*. On se garde bien d'avancer
que le secrétaire-général de l'Opéra n'a rien fourni *du*
Véritable Dernier Coucher ; il aurait, d'après cet écrit,
l'espoir de pouvoir dire qu'il a au moins partagé le mérite de M. Duriez dans cette fourniture ; mais cette asser-
tion est erronée, ou le certificat de M. Lacroix, qui est
positif sur ce point, est un faux réel.

Ce n'est point des mains de M. le Docteur Lacroix,
mais de celles de M. Duriez, que les personnes qui se
sont présentées avec l'ordre de S. A. R. Monsieur, ont
reçu le *Véritable Dernier Coucher du Prince*, qui
était constamment resté chez le sieur Duriez ; M. le Docteur Lacroix est descendu et s'est présenté, comme cela
était nécessaire , avec les personnes envoyées par le
Prince, afin de constater que les effets cédés étaient bien

prochemens des personnes et des lieux ; je suis intéressé, par ma conduite, mes rapports et les événemens de ma vie, à parler des derniers momens de Monseigneur le Duc de Berry, comme

les mêmes qui avaient servi à composer le *Véritable Dernier Coucher* du jeune Saint-Louis, le 13 février 1820, à onze heures vingt minutes du soir.

Son Altesse Royale ne pouvait pas réclamer une propriété qui nous appartenait, qu'on avait, à son insu, négligée pendant un mois, une propriété que l'auteur de la fable *du Premier et du Dernier Coucher* aurait bien voulu qui ne se retrouvât pas. Cet auteur de la fable, regardant les objets qu'il aurait fait apporter, mais *après coup*, comme peu importans et n'ayant pas servis, les aurait fait laver, comme s'il eussent déposés contre lui.

Nos observations et les pièces authentiques recueillies par nous, ont seules révélées le prix de ce trône du Martyr ; c'est par nos soins qu'il a été conservé, constaté, reconnu et cédé.

Nos cœurs s'étaient dessaisis à regret, mais d'avance, de ce monument, que le Prince ne pouvait pas *réclamer*, puisqu'il était à nous, mais qu'il pouvait et devait nous *demander*. Si nous n'avons cédé qu'aux instances des demandeurs, c'est qu'il était nécessaire pour l'honneur du Monument, et pour notre délicatesse, vu qu'un autre s'était arrogé, par une fable, le mérite de cette action, que nous ne l'abandonnassions qu'après avoir prouvé que nous ne l'avions point offert, et que l'authenticité du Monument, prouvée par nous, était d'une évidence palpable.

je

je l'ai fait du duc d'Enghien et de Pichegru.
Tous ces héros ont place dans *une vie orageuse;*
et la main qui frappa les Bourbons en France
comme en terre étrangère, nous ayant frappés
en même-temps qu'eux, la plus belle palme pour
nous est de réunir notre vie et notre histoire à
la leur.

Louvel (*Louis-Pierre*) assassin du Duc de
Berry, employé à la sellerie du Roi, rue Saint-
Thomas-du-Louvre, logé chez le Roi et nourri

En vertu du pouvoir et de l'acte que j'ai du sieur Duriez, voyant que nous ne recevions ni procès-verbal, ni
accusé de réception convenable; au nom du sieur Duriez
et au mien, j'ai rédigé une requête (*Procès-verbal*) de
l'enlèvement du *Coucher*, que j'ai adressée, comme les
autres pièces, aux cinq membres de la Famille royale, pour
en obtenir un juste dédommagement des frais, et un
gage de reconnaissance pour la cession de ces objets, qui
n'ont point de prix, et pour l'abandon desquels nous
avons trouvé le double et le triple des frais que nous
avons faits; j'ai deux reçus de ce Procès-verbal, que je
produirai au besoin. Malgré nos démarches, ce dernier
Procès-verbal n'est pas parvenu aux Princes; on a attendu, dit-on, jusqu'à ce jour, que leurs Altesses Royales
en aient fait la demande; je m'abstiens pour le moment,
de donner d'autres détails sur ces faits, et je défie qui que
ce soit, de me reprocher d'être indiscret dans cette pu-
blication.

Ce 18 *avril* 1820.

6

des deniers du Prince. Depuis cinq ans, cet homme a, de son aveu, conçu le projet, qu'il a tenté plusieurs fois d'exécuter, et de son aveu, d'assassiner la maison de Bourbon. Il n'avait aucun sujet d'inimitié personnelle contre Monseigneur le Duc de Berry; il n'a frappé dans ce Prince que la seule tige qui pouvait faire reproduire l'arbre.

Louvel n'est ni adonné au jeu, ni au vin, ni à la table, ni aux femmes; il est silencieux et sombre, très-prévenant pour ses camarades : il boit, mange et vit à l'écart : sa taciturnité est une énigme pour tout le monde ; il paraît croire à l'égalité, mais il ne se confond jamais avec les artisans de son métier et de sa sphère. Cette esquisse est le fond de son caractère.

Depuis cinq ans il a fait plusieurs voyages pour atteindre à la chasse Monseigneur le duc de Berry, ou toute autre tige fructifère de la Maison de Bourbon. Il n'en veut point aux hommes, mais au rang qu'ils occupent.

On assure qu'un jour *Louvel* s'étant enfoncé dans un taillis, où il attendait Monseigneur le duc de Berry pour l'assassiner, S. A. R. l'aperçut le premier, et le prenant pour une bête fauve, l'ajustait lorsqu'il se releva. Monseigneur lui crie alors : *Ah! mon ami, que faites-vous-*

là ? j'ai manqué de tirer sur vous , vous pre-
nant pour un gros gibier. Monseigneur était
seul : l'assassin , atterré par ces mots, n'eut pas la
force de consommer son crime.

Louvel a une sœur à Paris ; elle est ouvrière ,
et demeure rue Neuve-Sainte-Croix : on a fait
une visite chez cette personne , qui paraît opposée aux sentimens de son frère. Il a aussi
un oncle à Versailles , et une autre sœur qui
a manqué mourir de peine et d'effroi , lorsqu'on a fait perquisition chez elle. Il est lié
d'inclination à une femme mariée , plus âgée
que lui ; c'est une fruitière de la rue des
Moulins. Il n'est en intimité avec aucun ouvrier ; il ne paraît pas y être davantage avec
sa famille : il y va pourtant quelquefois man-
ger , mais il n'est pour ses proches qu'un peu
plus qu'un étranger. Il n'est pas à croire , avec
tout cela, que personne n'a sa confiance : c'est
un si précieux trésor à ses yeux , qu'il fait un
honneur infini à ceux à qui il l'accorde ; il les
vénère , à son tour , comme des êtres d'un autre
monde. Par sa discrétion, son flegme , ses de-
hors réfléchis, il paraît tenir à la pratique matérielle , de ce qu'on appelle morale matérielle
de bienséance et de police. L'orgueil concentré
en lui comme dans son élément , se nourrit en

silence de lui-même dans la solitude de son
cœur. Indifférent à la fortune; il était trop au-
dessous du savoir de Diogéne-le-Cinique, pour
avoir, comme lui, le sublime du philosophisme
de se sentir au-dessus des Rois, en se couvrant
des haillons impérieux de la malpropreté; il paraît imbu pour la pratique des maximes hau-
taines et funestes des sociétés secrétes ; à la tête
desquelles étaient jadis les grands Conventionnels, attaquant toujours les hommes et tous les
gouvernans qui ne veulent pas les mettre au-
dessus d'eux, ou tout au moins à leur niveau.
Les chefs de ces sociétés veulent la conservation
permanente des siéges et des places, et la mu-
tation perpétuelle des occupans, jusqu'à ce que
leur tour arrive pour l'inamovibilité. Ces réunions travaillent jusqu'au succès, dans un bon
accord, à ces œuvres de ténèbres : mais loin
de jamais découvrir leur arriére-pensée à des
convulsionnaires, ou à des artisans comme
Louvel, ils s'humilient devant ces pauvres gens,
pour les fanatiser d'abord, et les amener ensuite, comme d'eux-mêmes, à s'armer patrioti-
quement du *glaive vengeur* contre l'homme
puissant qui les éblouit de son mérite, de son
rang ou de sa vertu.

La morale, la religion, et tout le Dieu de

ces athées pratiques , gissent dans l'accomplissement d'un serment prononcé par l'homme
qu'ils ont endoctriné ; alors une gloire et un
bonheur sans mélange deviennent infaillible-
ment, selon leur dire , le partage de l'adepte qui
se dévoue pour eux : en cas de retour sur lui-
même , ou d'indiscrétion de sa part , une mort
secrète et inévitable lui est donnée par une
main invisible pour lui.

Ainsi , après avoir renié Dieu et sa providence , un être comme *Louvel* , seul avec son
ambition, que ses chefs caressent attentivement,
invoque l'enfer sous les noms de *liberté* et *d'in-
dépendance*. Ces réunions d'hommes qui se placent au-dessus de leur patrie et de l'état, parce
qu'ils se placent au-dessus de Dieu , ont reparu
en 1815 , après les cent jours , lorsque l'homme
de l'île Sainte-Hélène , ne pouvant engloutir la
France , ou l'ensevelir au fond des mers avant
de partir , appela son fils au trône , dans l'espoir de faire anéantir pour un autre ce qu'il
ne pouvait plus garder ni pour lui , ni pour les
siens. Les initiés de ces réunions , tous demi-
savans , philosophes et manœuvres comme
Louvel , sont les exécuteurs des grandes mesures résolues dans le conseil secret des chefs.
Ces personnages, à l'abri de tout , sont sur leurs

gardes ; tandis que leurs adeptes doivent , sous peine de mort , s'il le faut , affronter toutes les chances pour arriver au but qu'ils leur ont marqué. Ces exécuteurs épouvantables , pour être les élus de leurs chefs , ne doivent être assujétis à aucun de ces vices qui les compromettent ou arrêtent les grands coups. *Louvel* , dans cette circonstance , est un trésor pour la nuit du 13 février.

J'ai tracé ce portrait de *Louvel* avec les crayons de l'histoire.

On met sur les registres du ministre de la guerre qu'il était domicilié à Cusset ; il a travaillé quelque temps dans cette ville sans former de liaisons avec aucuns des jeunes ouvriers de son temps. *Louvel* aime l'égalité ; et hors de l'atelier , ses camarades ne sont à ses yeux *que de simples artisans.* Formé à s'idolâtrer seul de l'éclat intérieur de son mérite , *Louvel* se dérobe à tous les yeux profanes ou indiscrets , qui ne méritent pas de le contempler , ou qui pourraient le reconnaître ou l'arrêter dans ses grandes entreprises.

On rapporte que le samedi , 12 février 1820 , *Louvel* , chez sa maîtresse , qui est fruitière , était assis dans la chambre , au coin du feu , la tête baissée et couverte d'un grand chapeau ;

de jeunes demoiselles , dans la même chambre , attendaient que cette fruitière eût servi les personnes qui étaient à la boutique. La contenance de cet homme piqua leur curiosité ; elles voulaient le voir en face : l'une d'elles s'approche , laisse tomber exprès son étui dans la cendre , au-dessous de la tête de *Louvel* : en se baissant pour le ramasser , elle se retourne et rencontre la figure qu'elle cherche. A cette provation , l'homme se redresse , se découvre , et dit avec humeur et d'un ton prophétique : *regardez-moi bien ; c'est pour la dernière fois.*

Ce même soir , Monseigneur et madame la duchesse de Berry assistaient au bal masqué que donnait M. le comte Gréfulh , pair de France. Ce Seigneur était prévenu que les jours du Prince étaient menacés , et que le soir même S. A. R. courait des dangers en assistant à la fête. M. Gréfulh , alarmé de ces indices , avait fait quelques représentations au duc de Berry, pour détourner S. A. R. de venir à son bal. Monseigneur ayant insisté , M. Gréfulh s'assura bien du déguisement que prendrait le Prince , fit démasquer soigneusement chaque personne qui arriva; ne quitta pas un instant LL. AA. RR. , et ne laissa entrer dans sa cour que leurs voitures. Un inconnu , que l'on croit être *Louvel* , s'approcha deux fois de l'hôtel , et essaya de se glisser dans la cour : le suisse le guetta , et fut forcé de l'éconduire assez brusquement. La témérité de cet inconnu expliquerait le sens des paroles de *Louvel*, adressées à ces jeunes filles , *qui le voyaient pour la dernière fois.*

M. Gréfulh , agité des craintes qu'il éprouvait pour le Prince , et du mouvement qu'il s'était donné pour prévenir la catastrophe , s'alita le lendemain , et mourut de peine et d'effroi, en apprenant, le lundi matin , la catastrophe de la veille.

Il suit de ce que nous venons de résumer , que *Louvel*, qui n'avait trouvé d'existence assurée et uniforme que depuis qu'il était aux écuries du Roi, n'ayant point de vices apparens , était sous la domination d'une main invisible pour lui ; qu'il sentait à tout instant cette main sous ses pas, tenant la pointe du glaive sur ses côtes , pour le forcer d'accomplir le serment régicide que ses chefs avaient eu le funeste secret de lui faire prêter ; et librement, comme de son chef, après l'avoir enivré de la morale pour le reconduire à la pratique sanglante des maximes de l'athéisme et de la licence, en ayant l'art de le mettre seul à la proximité du poison, pour qu'il le prît lui-même; et que par ce moyen, en cas d'échec, il ne lui restât ni la faculté du remords, ni le bienfait du repentir, ni la connaissance de l'invisible chef qui le pousse, et dont il ne peut indiquer la complicité.

La place que *Louvel* occupe ici, tout de suite après le dernier soupir du jeune Saint-Louis, qui s'endort dans les bras de Dieu, ayant encore, au moment où son oncle lui ferme les yeux, les lèvres entr'ouvertes par les mots de *grâce pour l'homme*, est à son ordre naturel, et présente un contraste simple et vrai, copié sur le lieu de la scène, dans *la salle de l'administration de l'Académie royale de musique, rue Rameau, n°. 2, le 14 février 1820, à six heures et demie du matin....* Tout est consommé..... L'auguste et triste réunion, au milieu de cette chambre teinte de sang, à genoux autour des restes inanimés du Prince, se lève dans le profond silence de la douleur interrompue par des sanglots, descend, part et s'éloigne sans savoir ce qu'elle va faire, ce qui se passe autour d'elle, ce qu'elle a à craindre, à attendre ou à espérer.

Mais le Tout-Puissant étend son aile sur les parens et les amis de son serviteur: rassurons-nous donc, puisque ce Dieu les porte dans ses

mains. En demandons-nous une preuve plus marquante que les merveilles opérées cette nuit ? La
loi de révision des élections est proposée ce matin à la Chambre des Députés : le projet fait pâ-
lir l'anarchie, elle agite le peuple. Des émissaires
de la révolution, écumans de rage, ont brûlé
hier (jour remarquable) le buste du monarque,
dans l'un des faubourgs de Paris. Le frère de
Louis XVI, ayant vu la nouvelle session du Corps
législatif lui amener, comme député de ce corps,
un prêtre jadis membre de la Convention, et
qui, au mépris des devoirs de son état et de son
caractère, avait voté par écrit le supplice de son
Roi, frémit de se retrouver presque dans la
même route que la révolution fit prendre à
Louis XVI pour l'assassiner. Afin de s'en détourner, le Monarque annonça dès ce moment
l'examen des lois funestes au repos du Roi et du
peuple. Cette révision, attendue avec impa-
tience par les hommes purs, a mis en guerre
ouverte contre le trône, les sociétés secrètes
dont les agens sont des *Louvel.* C'est à de pareils
sicaires que les meneurs donnent en profusion
des chartes commentées à leur manière ; ils ne
disent peut-être pas en termes positifs à ces per-
nicieux demi-savans: *C'est celui-là qu'il faut
assassiner, aujourd'hui, à telle heure;* mais

si ces hommes ne régnaient plus, disent-ils, on aurait la république et une présidence amovible; au pis aller, on aurait au moins une autre dynastie, sous laquelle le peuple gouvernerait le Roi.....Demain la liberté s'éteint pour jamais, si la loi des élections est modifiée, et elle le sera, si la terreur ne frappe efficacement celui qui occupe le trône et ceux qui en approchent. Cette provocation positive dans son entente, met ses rédacteurs à couvert pour son texte. La main sur ces maximes, *Louvel* a prêté serment : il vole, et frappera de toutes ses forces. S'il échappe, c'est un héros; s'il est pris, c'est *un être isolé*, qui agit sans conseil et sans ordre, car il ne devait pas frapper si fort. En mesurant son coup, les deux vigoureux porteurs, attachés à la maison du duc de Berry, qui s'étaient déjà mis en route, étant chargés d'un brancard pour reporter le Prince aux *Tuileries* ou à *l'Elisée-Bourbon*, eussent été suivis à pied de toute la famille (car la maison d'Orléans était au spectacle); alors *Béthulie était sauvée*; le couteau de *Louvel* devenait l'épée de *Judith*. Mais les détachemens de révolutionnaires, en embuscade aux Champs - Elysées et ailleurs, pour frapper le grand coup, ont attendu en vain; leur poste était dans *l'Opéra, à l'Arcade*

Colbert et dans la rue *Rameau* ; leur émis-
saire compte sur eux pendant qu'ils l'attendent
au loin. Ainsi, le Tout-Puissant, pour confondre
le crime par le crime, comme il fit au jour
de sa mort, fera sortir, cette nuit, du tombeau
du duc de Berry, la religion, la force et la
puissance de la Maison de Bourbon. L'article
de *Louvel*, après celui du Prince, est donc bien
ici à son rang. Pendant que l'infortunée Caroline coupe *ses beaux cheveux qui plaisaient
tant à son Charles*, que, nouvelle Arthémise,
elle pleure son *Mausole*, qu'elle s'éloigne des
lieux qui lui retracent trop vivement la présence et les caresses de celui qu'elle ne re-
verra plus, que la cousine du Prince obtient
du Ciel la force de supporter ses douleurs,
d'approfondir avec calme l'abîme des dangers
qui l'environnent, le don miraculeux de survivre au tourment de ne pouvoir pleurer, et
la grâce insigne d'aller consoler celle qui vou-
droit retourner dans les états de son père pour
y mettre à l'abri des assassins, le dernier espoir de son hymen ; suivons le crime à la piste,
nous serons dédommagés de nos démarches et
de nos peines, par les rapprochemens qu'il
nous présentera, malgré - lui, de ses efforts
contre le Ciel, à côté de l'héroïsme de la vertu,

qu'il verra couronner, et dont il traînera, en frémissant, le char triomphal.

13 *Février* 1820. *Salle de l'Opéra*, 6 *heures et demi du soir. Spectacle extraordinaire et très-long*... Tout est prêt : on n'attend plus que LL. AA. RR. le duc et la duchesse de Berry. Les chevaux brûlent le pavé : LL. AA. RR. arrivent, descendent, *Louvel* attend sur les lieux ; il prend son chemin vers la voiture, s'éloigne, saisit son poignard, le sort de dessous son habit *pour en finir ;* voit son imprudence, se trouble, remet le glaive dans sa poche, revient de nouveau, entend l'ordre : *Le cocher pour onze heures.* Le Prince monte au spectacle ; *Louvel* s'éloigne et médite son coup.

Ce même jour, l'assassin devait aller à Versailles passer la journée : mais en apprenant aux écuries du Roi le *spectacle extraordinaire*, demandé par Monseigneur le duc de Berry, toutes distractions et toutes affaires cessent. *Il faut indispensablement*, dit-il, *se rendre à l'Opéra.* Il avait dîné seul et sobrement à l'écart, sans bruit, comme à son ordinaire, dans le même hôtel où il prend ses repas, rue Saint-Thomas-du-Louvre ; lorsque toujours sur le *qui-vive*, et impatient de voir arriver *l'heure*, et d'être délivré *par un coup*

des poursuites de l'*invisible* main palpable qui
l'y porte , il s'est trouvé porté au moment de
l'arrivée de sa victime ; son trouble est né d'une
trop longue attente de ses réflexions , de l'im‑
prudence qu'il a eue de laisser briller le glaive
dans sa main , du remords involontaire de
frapper celui qui le nourrit. *Louvel*, en proie
dans son cœur aux tourmens de l'enfer , et à
ses côtés au glaive de ses maîtres , est réduit,
pour en finir, à agiter toutes ses facultés , tous
ses membres par des liqueurs fortes et des
marches précipitées , afin d'entrer dans l'état
terrible d'un coupable volontaire qui, acqué‑
rant la force du bœuf et l'agilité du cerf , ac‑
quiert pour l'exécution , après mille efforts
contre la Providence , l'horrible intermédiaire
entre l'homme et la brute.

Le temps lui paraît long. *J'avais presque re‑
noncé à mon projet*, dit-il, *car je pensais que
ça me ferait coucher trop tard.* Le scrupule
didactique d'une conduite matériellement ré‑
gulière, l'œil, la censure des voisins, et la
stricte observance des lois de police , sont les
juges et les dieux inflexibles de cette classe
d'homme. Cependant, *pour en finir ce jour-là*,
Louvel va se promener au Palais-Royal, boit
quelque peu de liqueur dans un café, revient

dans la rue Rameau, où l'on dit qu'il but, de
nouveau, une demi-heure avant son crime, un
verre de rhum, dans lequel il avait versé de la
poudre à tirer. Il était dix heures et demie; il
sort, visite les localités, fait le tour, calcule les
chances : « Le Prince ne sera pas seul ; mais son
» épouse, comme son monde, étant étourdis
» du coup, perdront la tête ; la foule sortant du
» spectacle ; la confusion des voitures ; les réu-
» nions qui, dans ces jours bruyans, passent et
» se succèdent les unes aux autres ; le petit
» nombre de gardes, la sécurité du Prince, l'ab-
» sence des surveillans ; en un mot, le profond
» mystère dont l'assassin a su envelopper son
» existence et sa conduite : tout semble enfin lui
» promettre une occasion des plus favorables de
» bien porter le coup, et de se sauver. » Il s'em-
busque ; mais où ?... Le voici, d'après les localités.

Dans la rue Rameau, la sentinelle qui veille à
la porte du Prince, se promène plus avant entre
les bornes du côté qui mène à la rue de Richelieu, que du côté de celle qui conduit à la rue de
Lully. Le milieu de la rue est éclairé : un arrivant ne peut s'y fixer sans devenir suspect, ou
être dérangé par quelque piéton et par la sentinelle : pour éclairer le chemin ; les voitures de

la Cour qui stationnent, se rangent souvent de
l'autre côté opposé de la rue. Si *Louvel* se trouve
au milieu de la rue lorsque le Prince descend;
la sentinelle et la voiture du duc de Berry lui
op̣oseront une barrière. Il se place donc dans
un lieu où il ne craint rien, et ne peut être remarqué. Ce local est l'angle des rues Rameau
et Lully, entre les bornes. On compte quatre-
vingt-trois pieds et demi de ce point de départ
au lieu où était le Prince. L'assassin a fait vingt-
un pas de quatre pieds pour atteindre sa victime.
S'il eût été plus près, il est présumable que,
pour mieux assurer son salut, la vengeance de
son parti, et la destruction de la tige Royale,
l'auguste Veuve pouvant être enceinte, *Louvel*,
frappant le Prince à côté de son épouse, attei-
gnait deux victimes pour une. Madame la duchesse et son époux tombaient en même-temps,
l'une évanouie ou morte d'effroi, et l'autre sous
le fer assassin. Le nombre de bras nécessaires
pour porter des secours et relever en même-
temps deux personnes aussi chères, occupait
tous les assistans, et laissait à *Louvel* le temps
de se sauver : si, trouvant le Prince trop couvert
par sa suite, ou le vestibule trop plein de monde
pour qu'il pût passer et fuir, il a attendu que madame la comtesse de Bethysi fût montée ; il sera

parti

parti du même endroit ; et , venant à pas de loup, il aura saisi le moment où le Prince , encore tourné vers ces dames, la main droite étendue et baissée pour les saluer, et même ce côté découvert, présentait à l'assassin le point où le glaive , dirigé par la force et la fureur, est resté enfoncé jusqu'au manche. Louvel fuit droit devant lui vers la rue de Richelieu. La sentinelle est en face, mais elle présente les armes : ses deux mains sont embarrassées du fusil. L'instant du crime est l'instant de l'éclair. Le meurtrier connaît la violence du coup qu'il a frappé : il en a calculé l'effet. Tout doit se porter sur le Prince ; l'effroi et l'étourdissement retiendront tout le monde : la victime crie, chancelle, a besoin d'être soutenue, d'être emportée ; ses officiers autour de lui voleront, et ils ne sont pas nombreux. Aux cris perçans de son époux , la Princesse veut descendre : le marche-pied est relevé ; pour le baisser, il faut rester à son poste un seul instant, et ce seul instant doit suffire à Louvel pour se sauver , en passant devant la sentinelle qui est embarrassée. Il court, par la rue de Richelieu, vers l'arcade Colbert.

S'il n'avait ni soutiens ni complices apostés, ou qu'il ne comptât pas se perdre dans la foule qui, d'après son calcul, sortait en ce moment

7.

même du spectacle, fini, puisque le Prince qui avait marqué, pour lui, le répertoire de ce jour, descendait du théâtre avec son auguste épouse et sa suite, cette route en face de Louvel était moins sûre pour lui que celle de retourner par où il était venu, en se glissant autour des voitures stationnées à la file, le long des rues *Rameau, Lully, Louvois* ou *Saint-Anne*. Mais, par là, on ne perd pas son homme de vue; car ces lieux sont aussi solitaires que le devant de l'Opéra est passant sur la rue de Richelieu.

Louvel, découvert et suivi de l'œil par les personnes qui, étant aux fenêtres ou s'y mettant aux cris du Prince, plongeaient sur l'assassin et l'indiquaient par leurs cris; quelques officiers de la maison de S. A. R. (c'étaient MM. *César* de Choiseul et le *Comte* de Clermont) criant et courant en même-temps. Le meurtrier doublant de vîtesse, et tournant de la rue *Rameau* à gauche dans celle de Richelieu, il était près de l'arcade de Colbert.

Desbiez, chasseur de la garde qui était en sentinelle à la porte du Prince, au moment où S. A. R. venait d'être frappée, court le plus vîte à la poursuite de Louvel, et près de l'atteindre, il est renversé sur une borne par cet

assassin ; Desbiez se relève , court de nouveau
sur Louvel , et le saisit au corps sous l'*arcade
Colbert.*

Là était Louvel arrêté entre les bras de Jean
Paulmier, garçon limonadier du *café Hardi.* Ce
jeune homme , revenant chez lui , avait suivi la
rue de Richelieu du nord au sud , et se trouvant à la rencontre et en face de l'homme sur
lequel on crie *arrête, à l'assassin* , il étend les
bras, lui barre le chemin, l'embrasse par le corps;
et , au risque d'être assassiné lui-même , il le
retient ainsi pendant quelques secondes , jusqu'à l'arrivée de *Desbiez* et des autres personnes
qui se réunissent , lui donnent main-forte et
s'emparent du coupable.

Le maréchal-des-logis, nommé *David* , affirme
qu'il est arrivé en même-temps que *Desbiez* :
mais ce dernier a seul saisi *Louvel*, en criant
qu'il tenait le meurtrier : David a arrêté à-la-
fois *Louvel et Paulmier* qui se tenaient et se
débattaient, l'un pour s'échapper, et l'autre pour
l'en empêcher. *Ce n'est pas moi qui suis le
coupable ; c'est lui* , criaient en même-temps
l'arrestateur et l'arrêté. *Marchez tous deux,*
répliqua David , *à la nuit tous chats sont
gris.* A ces mots , deux gendarmes , *Lavigne*
de la première compagnie , et *Baland ,* de la

*

troisième, arrivent de suite, et *Paulmier* et *Louvel* sont mis en lieu de sûreté. Le premier n'y resta pas long-temps. David fouilla Louvel et lui trouva la gaine du poignard dont il s'était servi, et un autre poignard à quatre pans, également tranchans, et très-aigus, dont il pouvoit frapper Paulmier.

Le contraste de la victime et de l'assassin se présentera, plus d'une fois dans la nuit, sous notre plume, sans que nous le cherchions ; et nous ferions de vains efforts pour l'éviter.

MM. de *Choiseul* et de *Clermont*, quoique très-nécessaires au Prince dans ce premier moment, en faisant céder leurs affections personnelles au besoin de sauver l'Etat et les innocens qu'on pourroit inculper dans un instant de trouble et de désespoir, s'étaient lancés après *Louvel*, l'avaient suivi au corps-de-garde, et lui avaient fait quelques questions : *Il n'a point de complices, il est seul ; il n'a frappé le duc de Berry qu'afin d'éteindre en lui la race des Bourbons, qui sont les plus cruels ennemis de la France.*

Pendant cette arrestation, Monseigneur le duc de Berry était resté assis dans le vestibule de son entrée, sur une banquette à droite, la tête appuyée contre le mur : le Prince était mourant;

Madame la duchesse soutenait son époux d'un côté, et Madame de Béthisy le soutenait de l'autre. *David*, qui revenait d'arrêter *Louvel*, arrive auprès du Prince, qui se plaint d'avoir froid. *David*, brûlant de zèle, et navré de peine à la vue du triste état de S. A. R., appelle à son aide un valet-de-pied. D'une main robuste et mouillée de sa sueur et de celle de *Louvel* qu'il a traîné, et dont il vient de manier le poignard, il prend Monseigneur le duc de Berry par dessous les cuisses, et le monte, avec le valet-de-pied, dans le local qui précède sa loge.

Peu de momens après, Louvel est conduit dans l'intérieur de l'Opéra et interrogé de nouveau dans une salle si voisine du lit de douleur de la victime, que, de dessus la porte d'une chambre des deux occupans, on voit et on entend le Prince gémir et prier pour son assassin ; tandis que celui-ci répète qu'il *recommencerait encore!* Dans ce moment, M. le duc d'Angoulême ayant baisé la plaie, et le docteur *Bougon* la suçant, faute de ventouse, la proximité des lieux inspira à M. le duc de *Fitz-James*, l'idée de faire demander tout bas à *Louvel*, par le premier ministre, qui l'interrogeait, *si le fer était empoisonné.* La réponse négative de Louvel, qu'on compare à *Brutus*,

avait le flegme de ces forcénés qui, donnant
toute leur noblesse au crime, répondent comme
les énergumènes : *Le poison est une lâcheté,
et le poignard un stilet d'honneur contre les
tyrans.*

En montant dans l'Opéra, à son premier in-
terrogatoire, l'assassin se heurta le front, et
dit qu'il se trouvait mal : une sueur froide cou-
lait de son visage ; on lui donna un verre d'eau,
il se remit : c'était l'effet du retour de l'état vio-
lent dans lequel il s'était trouvé avant de s'élan-
cer sur l'infortuné duc de Berry. L'interrogateur, croyant le moment favorable pour obtenir
de l'assassin la vérité et le nom de ses complices, lui répéta d'un ton calme et avec onction
les mêmes questions qui lui avaient été adressées. Il y répondit comme il avait fait d'abord.
Depuis quelques heures le spectacle était éva-
cué, et un grand silence régnait dans la salle :
au-dehors, le bruit des voitures qui arrivaient
à la file, en roulant sur les caves, imitait
le roulement du canon ; des portes qui se fer-
maient çà et là dans le lointain, faisaient épanouir le front de l'assassin. Il était près d'une
petite table, entre quatre personnes qui l'in-
terrogeaient tour-à-tour : il avait les mains liées,
et ne pouvait faire aucun mouvement qui ne

fût remarqué. Il tournait la tête à demi, et l'avançait pour entendre les soupirs du Prince. Dans un moment où S. A. R. se trouvait moins faible, elle répondait à ceux qui lui parlaient de la fureur de son assassin : *Hélas ! c'est peut-être quelqu'un que j'aurai offensé sans le vouloir.* Alors, *Louvel* prêtant l'oreille avec plus d'attention, s'échappait à dire : *Mais, n'entends-je pas le bruit du canon ?* Ce qui semblait signifier : *Ne vient-on pas me délivrer et les achever tous ?* Vers trois heures du matin, le Martyr, étant confessé et réconcilié avec Dieu, désirait vaincre la haine que son bourreau témoignait contre lui ; il demandait à Dieu, aux assistans, à la terre entière, la vie et le salut de celui à qui il devait la mort. *Louvel* répondait à ce nouvel interrogateur, qui lui parlait de repentir et de son crime : *Que loin de là, il recommencerait.* On lui dit que le Prince lui survivra. — *Le coup est bien porté*, répond le meurtrier ; *il faut me faire périr promptement si on veut qu'il me survive.*

Le lendemain 14, à sept heures du matin, le corps du Prince est porté *au Louvre* ; et *Louvel* est transféré à la Conciergerie, et gardé à vue par deux gendarmes, dans un local voisin de celui où l'on amène les condamnés à mort. Au lieu de chaînes, on s'assure de sa vie en lui retenant les bras et le reste du corps enfermés jusqu'à la ceinture dans une camisolle à ressorts, qui le met absolument à la disposition de ses gardiens, et lui laisse la faculté d'agir sans qu'il puisse en abuser contre lui-même.

Le 15, on le transfère au Louvre, dans la salle qui sert de chapelle provisoire au *jeune Martyr*. Le corps du Prince est découvert devant son meurtrier.

Je renvoie, pour les détails de cette confrontation, *au véritable Dernier Coucher fourni par M. Duriez, et non par M. Grandsire, secrétaire-général de l'Opéra.*

Cet écrit, qui se trouve aux mêmes adresses que celui-ci, dont il forme la première partie, se vend 1 *fr.* 25 *c. (vingt-cinq sols).* Il contient les premiers actes authentiques et historiques du genre de mort de Monseigneur le duc de Berry, ainsi que les pièces et preuves légales de la conservation d'un monument, le dernier de ce Prince, *le Trône de son martyre.* Ce trône, le plus religieux et le plus sublime que puisse posséder la Maison de Bourbon, puisqu'il scelle la terre avec les cieux par la mort du jeune Saint-Louis, resta inconnu pendant un mois à la famille du héros

chrétien. Tout entière à sa douleur, elle ignorait et le lieu et le nom des conservateurs de
ce monument. L'ouvrage que j'indique donne
des détails précieux sur cette conservation et
cette découverte.

J'ai omis dans l'écrit du *Dernier Coucher*
les deux réponses suivantes, du meurtrier du
duc de Berry :

Si la justice des hommes, lui a dit M. le
procureur du Roi, Jacquinot de Pampelune, *ne
vous émeut point ici en présence de votre
victime, songez au moins à la justice de
Dieu. — Dieu, n'est qu'un mot ; il n'est jamais venu sur la terre*, a répondu Louvel.
*— Qui a pu vous porter à une action si cri-
minelle ?* a repris le juge. — *J'aurais voulu me
retenir, que je n'aurais pas pu.* Le malheureux
a raison : les chefs des sociétés secrètes qui ont
reçu son serment l'auraient assassiné s'il eût
manqué à sa promesse. L'enfer n'est parjure
qu'au Ciel, et la vertu ne fait point de serment au crime ; mais le remords, plus puissant
que l'athéisme et la révolution, allait péné-
trer dans le cœur de *Louvel*, lorsque le juge
lui dit, avec émotion : *Ce Prince, qui ne vous
a jamais fait de mal, que vous connais-
siez à peine, dont vous n'avez point à vous*

plaindre, est mort en demandant votre grâce
au Roi ; et vous savez de quel poids est la demande d'un mourant ! — *Louvel*, laissant voir
une émotion involontaire , sent couler de ses
yeux deux larmes , qu'il veut essuyer précipi-
tamment, et dit , avec un soupir que l'orgueil
et le désespoir concentrent à moitié : *Je...
ne... le savais pas.* L'accent mesuré et lent
avec lequel il prononce les deux premiers mots,
est bref et rauque pour les suivans. En com-
mençant, l'espoir du pardon laissait épanouir
le regret ; il l'a comprimé en achevant avec la
brièveté de l'expression du crime , devenu le
tyran absolu d'un cœur perverti par cette affreuse pensée, *Au point où j'en suis , le retour
au bien devient le partage des lâches. Guerre
à Dieu et à la conscience : tout à la renom-
mée et au présent.*

Pendant que cette lutte du crime contre la
vertu semblait donner quelque lueur d'espoir
à l'interrogateur , il continua en ces termes :
— *Si ce corps, ranimé tout-à coup , se relevait
ici en votre présence , et qu'il vous présen-
tât son sein ?* Après une minute d'attente , et
d'un calme affecté... — *Je recommencerais !*
Cette réponse est l'enfer déchaîné contre nous.
Les honnêtes Français , disent en lisant ces deux

mots : *ô Dieu! le monde s'écroule-t-il?* Non , le
Martyr de cette nuit a réconcilié les cieux
avec la terre. Ces deux mots de *Louvel* ont
dévoilé son âme et celle de ses partisans.

Point de complices, s'écrient-ils. Qui leur a dit
cela ? Personne ne les accuse individuellement ;
pourquoi répondent-ils pour tout le monde ?

Il n'a point de complices ; son crime
est isolé : c'est une vengeance particulière.
Le Prince avait donné des coups de cravache
à Louvel ; S. A. R. avait voulu séduire la
femme et la sœur de celui qui l'a frappé :
ce pauvre homme ne s'est porté à cet acte de
désespoir qu'après avoir été chassé de la sel-
lerie du Roi, par ordre du fougueux duc de
Berry , animé par les ultra - royalistes : c'est
bien là un crime isolé , une vengeance par-
ticulière : ainsi, Louvel est tout seul dans son
fait. Tel est le bulletin que certaine renom-
mée répand dans la capitale , à l'ouverture des
boutiques. Depuis deux heures du matin seulement., les mesures de sûreté ont été assurées ; et ces inventions sont la mousqueterie
de pacotille, et de retraite , du parti qui se re-
tire à la hâte et en désordre. Ces armes ratent
ou font explosion sur ceux qui les portent.

Il faut bien *en croire Louvel* , lorsqu'il dit

qu'il n'a pas de complices, personne ne le
sait mieux que lui. Si *Louvel* avait frappé votre
père ou votre enfant, en croiriez-vous à sa déclaration ? Si le duc de Berry eût été membre
d'un comité révolutionnaire , son assassin aurait des complices à vos yeux. La plus raisonnable prévention s'élève contre un prévenu qui
se défend d'avance de la possibilité d'un fait qu'on
ne songeait point à lui imputer : si vous êtes absolument étranger au crime de *Louvel* , que
vous importe qu'il ait des complices ou qu'il
n'en ait pas ? On va arrêter beaucoup de monde,
et vous craignez d'être du nombre : mais moi,
je ne crains rien, et je suis sûr de n'avoir rien
à craindre. Pourquoi n'en dites - vous pas autant ? J'ai tenu à la Révolution ; je ne cours
ni après les prêtres , ni après les Rois : j'ai un
peu de libéralisme : je vais aux cercles *des
amis* , jamais à l'église ; ainsi je suis suspect ?
Point du tout : mais vous convenez , de fait ,
que *Louvel* est plutot de votre bord que du
mien : cependant vos mains sont pures , l'assassinat vous fait horreur , et je vous crois matériellement honnête homme; vous pouvez dor-
mir en paix , mais ne répondez que pour vous.

Louvel n'a pas de complices ! Mais ceux qui
affichent ce matin des placards incendiaires

contre le Roi et le Gouvernement sont au moins
des compagnons d'intention du meurtrier. La
personne qui vient d'écrire au Préfet de police,
*que le héros qui a frappé le duc de Berry est
le premier homme du monde;* cette même personne qui, mandée devant l'autorité, reconnaît
et approuve cette déclaration, *et s'offre de
recommencer à l'écrire,* est bien un complice ?
C'est un fou : soit ; mais au moins c'est un complice matériel. Les révolutionnaires s'expliquent
de même ; et les hommes dont vous suivez les
principes, de plus ou moins loin, nous annon-
çaient leur révolution en Espagne. Elle a éclaté
contre le trône, en même-temps que *Louvel*
nous déclare que ce n'était point l'individu qu'il
frappait dans le duc de Berry, mais la tige
royale qu'il coupait au pied. Un individu peut-
il seul, et pour son compte, se charger, sans
aide, d'assassiner une famille entière ? Lorsque
Pâris frappa *Le Pelletier Saint-Fargeau*, les
Royalistes ne furent-ils pas solidaires ? Charlotte Corday eut beau dire et prouver qu'en
frappant Marat, elle se vengeait du meurtrier
de son amant ; *la Montagne* n'en prît-elle pas
fait et cause pour organiser la terreur ? Ses
craintes étaient fondées ; et les mesures qu'elle
adopta furent justes, tant qu'elles ne furent

point extrêmes. Pâris se vengeait de la perte de
sa place chez le Roi, et Charlotte Corday,
de l'assassinat de son amant. Leur crime était
isolé ; et les Royalistes, coupables d'approba-
tion, ne s'isolaient pas alors. Ceux qui disent :
c'est un homme de moins, mentent à leur
système et à leur patron. Si l'espoir d'un trône
et d'un Etat repose sur la tête ou sur la co-
lonne qu'on abat, en énonçant le dessein qu'on
a de faire écrouler l'édifice, le crime n'est plus
isolé ; alors, celui qui le particularise, paraît
craindre pour lui la complicité. Tous ces bruits
sinistres légitimaient les craintes que le Roi et
la Famille Royale ont pu manifester en retournant dans leur palais. Mais la mort angélique
du Prince a réconcilié les cieux avec la terre.
Le peuple repasse dans sa mémoire et relit les
actes continus de clémence de ce Prince et ceux
de cette dynastie, que l'assassin du duc de
Berry appelle *les tyrans du monde.*

Actes non interrompus de la tyrannie des
    Bourbons, surtout depuis leur rentrée en
    1815.

13 Février 1820. (*Extrait des nouvelles*).
« Voici bientôt le mois de mars : on se de-
» mande si cette année, comme l'an passé, cer-

» tain général, qui est encore en activité, don-
» nera pour mot d'ordre, durant ce mois, à cer-
» taine garnison, les noms de *Marie-Louise*,
» *Joseph*, *Jérôme*, *Hortense*, *Elisa*, *Pau-
» line*. »

14 Février 1820... « Nous nous sommes as-
» surés que le sieur Caulaincourt, qui avait fait
» insérer le 21 janvier de cette année, une
» lettre contre la Maison de Bourbon, dans un
» journal de l'opinion du sieur Caulaincourt,
» a été déchargé d'accusation et mis en liberté,
» comme le journaliste. »

11 Février 1820... « Le général Gilly, fidèle
» à Buonaparte, jusqu'à la mort, durant les cent
» jours, sur la demande faite au Roi par Mon-
» seigneur le duc d'Angoulême, a été, par
» une ordonnance royale, déchargé de toute
» inculpation, mis en liberté et rétabli dans
» tous ses droits, titres, grades et honneurs. »
Cet article est inséré dans les journaux du 14.

14 Février 1820... « Il n'y a point eu de séance
» à la Cour Royale; la Chambre seule, prési-
» dée par M. Séguier, a été ouverte pour pro-
» céder à l'entérinement des lettres de grâce,
» de deux hommes condamnés pour les cris
» séditieux de *Vive Buonaparte! A bas les
» Bourbons!*... » Ce matin, à cinq heures,

une heure et demie avant d'expirer, Monseigneur le duc de Berry, en demandant la
grâce de *Louvel*, ratifiait celle-ci....

15 Février 1820... M. le vicomte de Châteaubriand, en lisant hier dans les journaux
l'acquittement de M. Caulaincourt, a dit à la
Chambre des Pairs :

» Je désire que mes paroles retentissent hors
» de cette enceinte : je demande si l'homme
» sur qui planent les plus graves soupçons de
» l'assassinat de Monseigneur le duc de Berry
» est arrêté. Si celui que je nomme veut de
» moi satisfaction, qu'il vienne la chercher dans
» les fossés de Vincennes....

Au mois d'octobre 1818, lorsque les journaux annoncèrent la prochaine rentrée de
M. Caulaincourt, sous le nom de duc de *Vicence*, une personne que je connais très-bien,
allant à l'Elysée-Bourbon, recevoir la médaille
de Monseigneur le duc de Berry, que S. A. R.
avait bien voulu lui donner, entendit à l'Elysée-Bourbon, des amis du duc de Vicence,
étrangers à la maison du Prince, se féliciter
du retour de l'homme dont M. de Châteaubriand parle aujourd'hui.

M. de Châteaubriand a rapproché, par cette
apostrophe, l'assassin du héros du 21 mars 1804,

de

de celui du 13 février 1820 ; et le jeune Saint-Louis me servit, à l'inverse, dans la même occasion, à rapprocher de son lit de douleur et de triomphe, que je retrouve, et dont je fais constater l'authenticité, Pierre Molette, victime pour la cause des Bourbons, et particulièrement dans celle du duc d'Enghien, en confondant l'erreur volontaire par la vérité, et parvenant, le 20 mars 1820 (époque doublement mémorable) à faire reconnaître et demander aux possesseurs, par l'auguste père du duc de Berry, *le Véritable Dernier Coucher*, sur lequel ce fils, qui lui était si cher, a terminé ses jours.

Le corps du Prince, déposé au Louvre, ouvert le 15, embaumé le 16, a été placé dans une chapelle ardente jusqu'au 22, jour où il a été porté à Saint-Denis. Tout le peuple a suivi son cortége en versant des larmes ; il est resté exposé jusqu'au 14 mars. Le Roi, qui avait fermé les yeux du Prince le 13 février, a été à Saint-Denis, assister à sa sépulture. Les préparatifs furent immenses. Il fit un temps superbe : la route était remplie d'une multitude de fidèles qui priaient et pleuraient. Lorsque le cercueil du Prince passa devant les tribunes, le Roi, Madame et les Princes s'agenouillèrent. S. M. enveloppa sa figure de ses mains ; elle ver-

sait des larmes. Il était 3 heures, 20 minutes
lorsque le corps fut descendu dans le dernier
asile de nos Rois : 21 coups de canon annoncèrent ce moment fatal. M. le comte de Nantouillet, s'adressant aux officiers du Prince,
rangés autour du caveau encore ouvert, leur
dit : *Monseigneur le duc de Berry, votre
maître et le mien, est mort : officiers, pour-
voyez-vous.* Le héraut-d'armes a répété deux
fois : *Très - Haut et Très - Puissant Prince
Charles-Ferdinand d'Artois, duc de Berry,
est mort ; priez Dieu pour le repos de son
âme.* La pierre tumulaire a été replacée.

Il repose auprès de ses deux enfans, mois-
sonnés sur le seuil de la vie.

J'ai défendu le *Véritable Dernier Coucher*
de Monseigneur le duc de Berry avec le zèle
qui m'a animé depuis le commencement de la
Révolution, pour le trône et ce qui l'entoure :
je dois à la Providence la rencontre, dans cette
occasion, de l'homme le plus extraordinaire, le
moins récompensé et le plus fidèle. Ma voix,
réunie à la sienne, sera entendue du Roi,
que nous avons aimé et servi dans toute la
plénitude de notre conscience.

Je vénère avec confiance le monument du
Prince, que la France doit pleurer sans cesse.

Si la Révolution reparaissait un moment, que *le véritable dernier Coucher du duc de Berry*, plus éloquent que tous les discours, soit montré aux factieux; qu'il serve d'oriflamme contre l'anarchie, et de bannière pour la paix. Un jour, et ce jour même n'est pas éloigné, où la religion et la légitimité, consolées et affermies, mettront *au Trône du Martyr du 13 février*, le prix que ces vertus, proscrites en 1793, mettaient publiquement aux linges teints du sang de Louis XVI, ou à celui de son auguste épouse.

Je termine ici ce volume à une époque qui présente des rapprochemens assez singuliers.

Louvel n'a point de complices, disent tous ceux qui craignent d'être compromis par leur doctrine ou leur conduite; cependant on affiche tous les jours que *Louvel est un grand homme*.

Le 15 février, le projet de modifier la loi des élections est présenté, au nom du Roi, à la Chambre des Députés, par le Président des Ministres. Ce projet est écouté en silence; et l'événement de la veille a imprimé tant de crainte aux uns, et tant d'effroi à la majorité, que ceux qui se disposaient à protester contre ce projet de la loi nouvelle, se taisent et le

*

laissent renvoyer dans les bureaux. Ce projet peut être excellent.; mais sa longueur offre l'espoir d'une discussion interminable. En gagnant du temps, le souvenir de la catastrophe du 13 février s'effacera. Dans ce moment, l'assemblée n'a plus de majorité connue : le silence et la réserve de la part de certains hommes pourraient leur devenir favorables; ils se taisent, puisque leurs opposans se décident contre le Président des Ministres qu'ils haïssent, mais dont ils voudraient plus tard se faire un appui, dans l'espoir que le changement de ministère amènera du trouble, dont ils profiteront sans y avoir participé ostensiblement. Bientôt le ministère est changé; alors la majorité se prononce pour les personnes à qui le Roi a donné les différens porte-feuilles. Le vaisseau de la monarchie est à flot : le Roi est investi de moyens suffisans pour tenir le gouvernail de l'Etat. Les opposans se remettent et disputent le terrain pied à pied. Cependant les ennemis de l'Etat, et surtout ceux de la monarchie, impatiens d'agir, sont en tirailleurs et attaquent sans attendre l'ordre.

Le 17 avril, le nouveau ministère présente à l'improviste, au nom de S. M., sur les élections, une nouvelle loi, claire, concise, et qui

peut être adoptée dans un petit nombre de
séances. Depuis trente ans, aucune des assem-
blées n'a présenté le spectacle d'une lutte aussi
terrible que celle de ce jour. La majorité était
formée : l'opposition se voit vaincue. Pour
échapper à sa défaite, elle met en doute si le
Monarque peut retirer, à sa volonté, comme
non avenu, tant qu'il n'est pas présenté à la
discussion, un projet de loi qu'il a seulement
communiqué à la chambre. Du 17 avril au
13 février, il s'est écoulé soixante-trois jours :
on a bien eu assez de douleur et de craintes.
Les tirailleurs maladroits du parti libéral sont
désavoués et méconnus ; et la minorité, pour
faire tête à ses adversaires, reçoit fort à-pro-
pos une pétition d'un style et d'une nature
extraordinaire, qui dénonce que les Royalistes,
au lieu de s'attrister de la mort du duc de
Berry, auraient cherché d'avance à tirer parti
de cet événement, pour arracher les décombres
de la Révolution et poser l'édifice d'une monarchie particulière. Dans cette supposition,
l'intention des Royalistes serait peu religieuse ;
mais il y a loin de profiter d'un événement à
le faire arriver. C'est par cette conséquence,
hors du principe, que le parti inculpé prétend
rejeter sur ses accusateurs la complicité qu'on

lui applique, et qu'il ne réfuta d'abord qu'en se retranchant dans les aveux faits par le coupable sur son *isolement*.

Le 25 avril 1820, le parti qui a intérêt à rejeter sur ses adversaires l'odieux du crime dont il est couvert en ce moment, fait naître de la pétition de M. *Madier-Montjau*, conseiller à la cour de Nismes, le soupçon d'un Gouvernement occulte, composé d'agens secrets qui emploieraient les moyens les plus odieux contre leurs adversaires. Dans cette hypothèse, la catastrophe de Monseigneur le duc de Berry serait le coup d'un poignard royaliste sous couleur libérale; mais alors les Libéraux ne diront donc plus que *Louvel n'a pas de complices.* Si des hommes, se disant Royalistes, se sont portés à ce crime pour l'imputer ensuite au parti de l'opposition, ce parti est donc seul susceptible d'être accusé; car, de son aveu, *Louvel est un républicain pur.* Son crime n'est donc *isolé* que pour la masse des Royalistes. Voici de *nouveaux crimes isolés.*

Le 28 avril, à onze heures et demie du soir, une forte détonation se fit entendre sur la place du Carrousel, près de la rue de Rivoli, dans le bâtiment contigu à celui qu'occupe en ce moment S. A. R. madame la duchesse de Berry.

La garde du château prit les armes, des recherches furent faites : on trouva sous le deuxième guichet, en face de la rue de l'Echelle, les débris d'un pétard qui avait fait explosion. Cette petite *machine infernale*, qui contenait environ deux livres de poudre, était ficelée avec une force extraordinaire. Le coup a fait éprouver un petit soubresaut aux personnes assises et qui jouaient au piquet dans l'appartement au-dessus. On dit que la garde a pris deux autres marrons qui devaient partir en même-temps.

L'intention de l'auteur se devine sans peine: *Louvel n'a point de complices ;* mais l'auguste épouse du Prince est enceinte : on tire une petite fusée sous son appartement pour que le vœu du meurtier du père soit rempli, et que le sein qui porte la plus chère espérance de notre avenir, agité par la commotion de la poudre, éprouve un second effet du 13 février. L'auguste veuve, qui ne dormait pas, comme on l'a dit, a ressenti la commotion, et a demandé d'où provenait ce bruit. On lui a répondu que c'était une réjouissance à l'occasion de la fête de quelqu'un du voisinage. Après la visite faite, on a rapporté la vérité au Roi. Les journaux de l'opposition, en insérant cet événement, assurent qu'on aurait bien tort d'imputer cet essai aux brûlans *amis de la liberté*. Ce crime est *isolé*, disent-ils, ou c'est une tentative faite par les Royalistes pour l'imputer aux Libéraux.

En 1789, une famine factice mit les armes aux mains du peuple ; en 1795 et 1796, le directoire s'installa sous les auspices de ce même fléau ; en 1802, Buonaparte courut la même chance, en acceptant le consulat à vie ; en 1816 et 1817, la famine, couvrant l'étendart de la rebellion, marchait à main-armée contre Louis XVIII; le 1er. mai 1820, l'assassinat de Monseigneur le duc de Berry, n'ayant pas rempli l'attente des agitateurs, les petites explosions d'artifice étant sans effet, la libéralité, l'usure et le républicanisme appellent la hausse du prix du pain à leur aide la veille de la discussion sur la nouvelle loi des élections.

FIN.